I libri di Viella
Arte

Ceramica oggi

Riflessioni sull'arte e sul sistema

a cura di Luca Siracusano

viella

Prima edizione: novembre 2024
ISBN 979-12-5469-744-3

Co-funded by the
Erasmus+ Programme
of the European Union

Ceramica
oggi : riflessioni sull'arte e sul sistema / a cura di Luca Siracusano. - Roma : Viella, 2024. - 158 p. : ill. ; 24 cm. (I libri di Viella. Arte)
Indici dei nomi e dei luoghi: p. [151]-156
ISBN 979-12-5469-744-3
1. Ceramica - Sec. 20.-21. I. Siracusano, Luca
666.3 (DDC WebDewey) Scheda bibliografica: Biblioteca Fondazione Bruno Kessler

viella
libreria editrice
via delle Alpi 32
I-00198 ROMA
tel. 06 84 17 75 8
fax 06 85 35 39 60
www.viella.it

Indice

Luca Siracusano

Ceramica: visioni e progetti

A mo' di premessa, proverò a dire come è nata questa raccolta di saggi, come si articola, quali obiettivi si pone e insomma qual è la sua ragione d'essere. All'origine di questo libro è la giornata di studi che si è tenuta il 16 maggio 2023 presso il Dipartimento di Scienze della Comunicazione dell'Università degli Studi di Teramo. Parlare di ceramica a quelle latitudini viene quasi naturale. Il territorio sul quale l'Università insiste è caratterizzato dalla presenza del borgo di Castelli, che da circa mezzo millennio vive principalmente di quest'arte: meno di mille anime, oggi, ma più di trenta imprese artigiane che strenuamente resistono ai piedi del Monte Camicia, depositarie di saperi tradizionali. Nello stesso borgo abruzzese è presente il Museo delle ceramiche, che a causa del terremoto del 2016-2017 trova posto in una sede temporanea, in grado di ospitare solo una parte della sua collezione. Inoltre, anche in tempi recenti ci sono state mostre tese a celebrare la fortunata stagione sei-settecentesca dello stile istoriato castellano, in dialogo con il collezionismo privato.[1]

Ma ci è sembrato più proficuo guardare alla ceramica come materiale dell'arte contemporanea, rinunciando alle cronologie più alte – e più familiari, per chi scrive –, con l'auspicio di poter fare luce su alcuni aspetti del sistema della ceramica *hic et nunc*. D'altro canto, l'interesse dell'Ateneo teramano per la produzione ceramica contemporanea è – in senso stretto – visibile. Dal 2019 presso il polo didattico "Gabriele d'Annunzio" è esposto il cosiddetto *Cielo d'Italia*, un complesso di 384 tavelle realizzato nel 2015 da maestri provenienti da tutte le città che aderiscono all'Associazione italiana città della ceramica.[2] Nello stesso 2019, inoltre, l'Ateneo aveva immaginato un bando internazionale per la realizzazione di un tavolo con dieci formelle ceramiche, da produrre in altrettanti Paesi bagnati dalle acque del Mar Mediterraneo.[3] Riallacciandoci idealmente a quei progetti, si è voluto organizzare

1. Penso per esempio alla mostra organizzata presso la Pinacoteca civica di Teramo: *La fragile bellezza. Istoriato castellano fra XVII e XVIII secolo*, a cura di Giuseppe Matricardi e Stefano Papetti, Teramo, s.e., 2021.

2. *Il Cielo d'Italia. Progetto d'arte ceramica*, a cura di Alessandro Maria Caccia e Siriano Cordoni, Rocca San Giovanni (CH), Litografia Botolini, 2019.

3. Maria Chiara Capasso, *Il* convivium *della Tavola del Mediterraneo: un progetto per il distretto della ceramica di Castelli*, in *Investire per costruire*, a cura di Emilio Bettini e Daniela Tondini, atti del III Forum del Gran Sasso (Teramo, 1-3 ottobre 2020), 3 voll., Teramo, Diocesi di Teramo-Atri, 2021, III/2, pp. 25-29.

un incontro che si focalizzasse sulla contemporaneità, in un'ottica interdisciplinare, sposando la pluralità di anime che convivono nel nostro dipartimento universitario: l'anima umanistica, da un lato, e quella economico-aziendale e sociologica, dall'altro. Ci è parso naturale coinvolgere in questo discorso il Liceo artistico statale per il design "Francesco Antonio Grue" di Castelli, dove si formano nuovi ceramisti e dove si sperimentano nuovi modelli didattici.[4] Inoltre, dal 1986, nelle pertinenze della scuola sorge la Raccolta internazionale d'arte ceramica contemporanea, che offre un'importante panoramica sulle ricerche non solo italiane dell'ultimo quarantennio.[5]

Senza pretesa di esaustività, si è allora provato a imbastire un discorso a più voci, articolato in due parti. Nella prima, dove a parlare sono gli storici dell'arte, il filo rosso è rappresentato dall'impiego della ceramica quale materiale dell'arte contemporanea. Nella seconda parte, invece, si prendono in considerazione alcuni progetti italiani ed europei, tesi alla valorizzazione del patrimonio materiale e immateriale e al rinnovamento dei processi. La struttura delle due parti vuole essere simmetrica: entrambe si aprono con due riflessioni sul contesto attuale italiano e internazionale, cui segue il focus su un caso di studio e, a conclusione, due interventi centrati più propriamente sul borgo di Castelli.

La prima parte si apre con una riflessione di Viola Emaldi sul rinnovato interesse per il medium ceramico, sia da parte del pubblico che da parte degli artisti contemporanei. L'autrice, per un verso, fa riferimento a quanto si poteva vedere all'ultima Esposizione internazionale d'arte di Venezia, e pesca a piene mani dalla sua esperienza curatoriale, maturata anche in collaborazione con l'Associazione italiana città della ceramica e attraverso la direzione artistica della Galleria Madeinbritaly di Londra. Il suo testo offre una valida panoramica su alcune tra le più interessanti realtà ceramiche oggi attive in Italia e all'estero.

Segue il testo di Simone Ciglia, che si basa, aggiornandola, sulla selezione da lui operata in occasione della mostra *La forma della terra. Geografia della ceramica contemporanea in Italia* (2020). L'autore fornisce una mappatura delle possibili forme della ceramica contemporanea nel contesto italiano. La sua attenzione è rivolta ai centri di antica tradizione (Albisola Superiore e Albissola Marina in Liguria, Castelli in Abruzzo, Deruta in Umbria, etc.), tra i quali spicca Faenza, «senza dubbio la città che è riuscita meglio a cogliere la sfida della contempora-

4. Si veda, per esempio, Eleonora Magno, *Liceo artistico "F.A. Grue". Di cielo in cielo nel segno della ceramica*, in *Il Cielo d'Italia. Progetto d'arte ceramica*, a cura di Alessandro Maria Caccia e Siriano Cordoni, Rocca San Giovanni (CH), Litografia Botolini, 2019, pp. 35-38.

5. È importante notare che la Raccolta sorge nelle pertinenze della scuola, al fine di contribuire, tramite *exempla*, alla formazione dei nuovi ceramisti: Claudio Spadoni, *Arte e artisti nel mondo della ceramica. La Raccolta internazionale d'arte ceramica contemporanea*, Colledara (TE), Andromeda, 2003, p. 19. Anche il vicino Museo delle ceramiche, una quindicina d'anni fa, si è arricchito di opere novecentesche, grazie alla donazione da parte di Alfredo Paglione di un importante nucleo di ceramiche di Aligi Sassu: *Il gran fuoco di Aligi Sassu. 200 ceramiche e sculture dal 1939 al 1994: donazione Alfredo e Teresita Paglione*, a cura di Gian Carlo Bojani e Alfredo Paglione, catalogo della mostra di Castelli (TE), Firenze, Vallecchi, 2008.

neità», ma si estende anche a realtà non abitualmente incluse in questo discorso, come Milano e Roma. In questa disamina rientrano gli artisti che hanno fatto della ceramica il loro medium esclusivo, quali per esempio Bertozzi & Casoni, ma anche coloro che hanno abbracciato la ceramica nel quadro di una ricerca altra, come per esempio Enzo Cucchi o Mimmo Paladino, che sono approdati a questo materiale attraverso la poetica del *genius loci*, propria della Transavanguardia.

Le coordinate fissate nei primi due contributi aiutano a mettere meglio a fuoco il caso del faentino Andrea Salvatori, uno dei più importanti artisti visivi italiani oggi dediti in via esclusiva al medium ceramico. La sua ricerca può originarsi dal recupero di oggetti decorativi o d'arte applicata. La sua poetica, ricca di rimandi alla storia dell'arte antica o novecentesca, accesa da combinazioni ironiche o stranianti, viene rischiarata dalla stessa Emaldi. In occasione della giornata di studi, invece, era stato Salvatori a presentarsi in un vero e proprio *Autoritratto come scultore ceramista* – tale era il titolo del suo intervento, mutuato dal titolo di una sua opera.

La prima parte del volume si conclude con gli interventi di Stefano Di Giosaffatte e di Pietro Costantini. Il primo autore tratta della nascita della già citata Raccolta internazionale d'arte ceramica di Castelli e dei suoi nessi con il liceo artistico "Grue": un contributo ricco di memorie personali – l'autore insegna nell'istituto, di cui è stato dirigente, ed è figlio di Vincenzo Di Giosaffatte, che nel 1986 concorse a istituire la Raccolta. Il contributo di Costantini, invece, esamina il cosiddetto *Terzo Cielo di Castelli* e il *Cielo d'Italia*, progetti collettivi nati dall'*humus* del soffitto maiolicato della cona della Madonna del Rosario, nel borgo abruzzese.

La parte del libro dedicata al sistema dell'arte ceramica, invece, rielabora e amplia le relazioni della sessione dal titolo "Comunicazione, valorizzazione e rinnovamento dei processi". Si apre con il contributo di Paola Casta, che colma una lacuna nella letteratura scientifica: mancava, infatti, uno studio specifico sulle mostre-mercato della ceramica. Con gli strumenti dell'economia e del marketing delle industrie culturali e creative, dopo un'introduzione sullo scenario europeo e italiano, l'autrice si focalizza sulle due mostre-mercato che si tengono a Faenza ad anni alterni: *Argillà Italia*, dal 2008, e la più giovane *Made in Italy*, dal 2020. Questo contributo beneficia dell'esperienza professionale dell'autrice, che ha operato nell'organizzazione di entrambe le mostre-mercato.

Segue l'intervento di Benedetta Diamanti, direttrice della Strada europea della ceramica, uno dei più longevi itinerari culturali del Consiglio d'Europa, che oggi coinvolge sedici Paesi. Dopo avere inquadrato il progetto nell'ambito del programma europeo di riferimento, l'autrice passa in rassegna le attività della Strada, che spaziano dalla ricerca alla formazione, dalla definizione di un'offerta turistica sostenibile alla progettazione europea. Una volta di più, viene confermato il carattere vivo e partecipato di questo progetto, che è in costante crescita e che accoglie nuove candidature da parte di aspiranti città partner.

Il caso di studio della seconda sezione è dedicato al progetto europeo *CLAY*, finanziato attraverso il programma Interreg Europe. A presentarlo è la *project manager* Emanuela Bossi. In *CLAY*, la Regione Umbria opera con altre cinque regioni europee. Attraverso la sinergia tra università e centri di ricerca, soggetti pubblici deputati allo sviluppo del territorio e piccole e medie imprese ceramiche, questo progetto ha contribuito al rinnovamento, anche in termini più propriamente tecnologici, dei processi produttivi.

A chiudere il volume sono i due contributi focalizzati sul contesto abruzzese e sul borgo di Castelli. Nel primo saggio, di taglio sociologico, Angela Maria Zocchi e Rossella Di Federico tornano a occuparsi di questo borgo a un decennio dalla prima volta.[6] Dopo una riflessione sul ruolo che la tradizione ceramica può avere quale motore dello sviluppo locale del territorio, viene offerto un focus sullo stato delle piccole e medie imprese artigiane della regione. *Last but not least*, Eleonora Magno, dirigente del Liceo artistico statale per il design "Francesco Antonio Grue" di Castelli, presenta un progetto nato insieme al Liceo scientifico "Albert Einstein" di Teramo per definire un nuovo programma educativo teso a sviluppare processi produttivi e materiali ceramici più sostenibili, nello spirito dell'Agenda 2030.

L'auspicio è che questa raccolta possa contribuire a due aspetti. Per un verso, vorremmo fornire al lettore una panoramica e qualche spunto di riflessione sullo scenario attuale dell'arte ceramica. Per altro verso, in una prospettiva di studio e di servizio, il libro vorrebbe alimentare il confronto tra realtà e scale diverse, tentare di rafforzare una rete o ampliarla, e inserirsi nel dibattito sulle iniziative che si possono intraprendere per lo sviluppo dei territori dalla spiccata vocazione ceramica.

6. Rossella Di Federico, Angela Maria Zocchi, Nico Bortoletto, Rita Salvatore, Emilio Cocco, *Attori, reti e partnership per lo sviluppo locale*, in «Rivista trimestrale di scienze dell'amministrazione», 2 (2013), pp. 1-111.

I
Arte

Viola Emaldi

Ceramica e artigianato: una ricognizione sullo scenario attuale

Assistiamo oggi a un generale interesse verso il lavoro manuale, artigiano, con particolare attenzione alla ceramica, sia da parte di artisti e designer, sia a livello di usanza e pratica popolare. Una tendenza che nasce e si diffonde dal micro al macro, e viceversa. Prendiamo ad esempio l'Inghilterra, faro della cultura contemporanea e patria delle Arts&Crafts. Qui la ceramica è diventata popolare grazie a trasmissioni televisive di successo come *The Great Pottery Throw Down*, un talent show trasmesso per la prima volta sulla BBC nel 2015: in ogni episodio, ceramisti dilettanti partecipano a sfide che mettono alla prova le loro abilità al tornio e alla creazione artigianale. Le ragioni di questa crescente tendenza, anche mediatica e mainstream, verso la valorizzazione della produzione artigianale, sono da ricercarsi in una risposta naturale alla globalizzazione e al digitale. Questo ci aiuta a capire come la ceramica oggi, a livello sociale, sia anche percepita come un hobby, un'alternativa alle tradizionali forme di meditazione e considerata arte-terapia. *Last but not least*, le micro ragioni del ritorno generale alla ceramica sono anche il risultato dell'influenza esercitata dall'arte contemporanea, la quale attraverso la sua esposizione ispira le arti applicate (artigianato d'arte e mestiere, design) fino a diventare popolare.

La stessa diffusione della ceramica come medium per l'arte, ad esempio, è spesso conseguenza di scelte fatte da grandi artisti in difesa e riscoperta della ceramica come materiale "nobile" per l'arte *tout-court*. Basti pensare a Lucio Fontana, che ha lavorato con opere e parole affinché la ceramica venisse considerata alla stregua della scultura. Alla metà del secolo scorso anche Pablo Picasso diventa ceramista assimilando le caratteristiche tecniche e le tradizioni stilistiche insite nel medium e nei ceramisti, e orientandole verso il proprio modo di intendere la creazione artistica.

Venendo agli anni Novanta si è assistito a un ritorno all'uso della ceramica sempre più marcato da parte degli artisti, spesso delegando la produzione o sperimentandola attraverso residenze presso musei ed enti pubblici e privati. Ma artisti e designer hanno presto iniziato a fare ceramica da soli, come studenti-autodidatti, per poi allestire magari un proprio laboratorio come accadeva all'inizio del secolo scorso in casi come quello di Bernard Leach e dello Studio Pottery. Sull'onda di quest'ispirazione novecentista, artisti noti come Edmund De Waal oggi sostengono apertamente il lavoro artigiano del caldo medium nell'arte, creando opere, scrivendo, curando mostre, come *Kneaded Knowledge. The Language of Ceramics*, insieme ad Ai Wewei (2017).[1]

Molti artisti visivi si dedicano dunque da qualche decennio alla ceramica in prima persona. Esempio emblematico è l'inglese Grayson Perry (1960), che studia ceramica e sviluppa competenze che gli permettono di creare liberamente, sovrapponendo tecniche decorative tradizionali e sperimentali che riflettono la sua poetica di critica sociale. Vince il *Turner Prize* 2003 e diventa famoso, presentando un vaso inteso come scultura e non *pottery*. Anche la Biennale d'arte 2022 – termometro dell'andamento dell'arte – ha visto particolari presenze di artisti con competenza tecnica in ceramica.

Una di questi è Magdalene Odundo (1950), grande artista visiva e ceramista africana che da quarant'anni mescola tradizioni millenarie, artigianalità e design. Studia ceramica tra Kenya e Inghilterra, e ne fa uso come medium utile a esplorare temi di identità culturale, di tradizione e di trasformazione. Influenzata dalle tradizioni ceramiche della sua terra d'origine, l'Africa, la sua opera è caratterizzata da forme sinuose e sofisticate (Figg. 1-2).

Per la stessa mostra, Gabriel Chaile (1985) realizza per *Il Latte dei Sogni*[2] grandi sculture in argilla in forma di pentole e forni dai tratti antropomorfi, che ritraggono i membri della sua famiglia (Figg. 3-4). Artista ceramista argentino, è influenzato dal rapporto con le comunità indigenti e i rituali del suo Paese. Oggi, quindi, l'impiego della ceramica è amplificato dall'uso che di essa ne fanno gli artisti, i designer, ed ovviamente i tanti artigiani in senso stretto, con laboratori, botteghe, manifatture, negozi, atelier, showroom, presenti in fiere, manifestazioni e mostre dedicate.

Cercheremo allora di passare in rassegna alcune realtà attive in Italia e all'estero, accomunate da quel verbo comune che si chiama ceramica. Oggi, infatti, esistono diversi tipi di "ceramisti", intendendo con questo termine la capacità di manipolare la materia con cognizione, applicandola a diversi usi e consumi, comunque legati ad un ambito di lavoro artigiano e al concetto di auto-imprenditorialità. La prima figura che salta alla mente è quella del ceramista tradizionale, con "bottega" ricca di oggetti legati alla storia e alla cultura del territorio. Questa figura è persistente, si trova soprattutto in località dove il turismo porta la richiesta di oggetti ricordo e simbolo del luogo. A parte questa realtà unica nel suo genere, la contemporaneità dell'artigianato ceramico italiano è rappresentata da attività individuali e tante piccole imprese che sviluppano progettazioni originali dedicate all'arredo e alla tavola e anche pezzi unici, e dove la commercializzazione è autogestita attraverso social, showroom, partecipando a fiere internazionali di settore e in gallerie specializzate. Va premesso che alla base della produzione di molti ceramisti e della progettazione di molti designer stanno gli artigiani produttori di lavorazioni per terzi, attività questa che si è resa sempre più importante nel

1. Universalmuseum Joanneum, Graz, 2017, e National Gallery, Praga, 2017.

2. *Il Latte dei Sogni* è il titolo dato dalla curatrice Cecilia Alemani alla 59° Esposizione internazionale d'arte di Venezia; le opere di Odundo e Chaile sono state esposte nella mostra omonima.

tempo e che si è innovata tecnologicamente per offrire servizi di esecuzione del prodotto su commissione, con lavorazioni e metodi tradizionali, uso di tecnologie digitali e *making 3D*. Questo servizio tecnico in ambito artigianale ceramico è fondamentale e trova oggi grande richiesta anche tra designer, architetti e artisti. Un esempio è Terra&Forme, un'azienda faentina, gestita da due fratelli capaci di innovare l'attività paterna con servizi personalizzati. Altro tipo di lavoro ceramico su commissione è quello offerto ad artisti e designer da manifatture *multitasking* come Ceramica Gatti 1928 a Faenza o Ceramiche Giuseppe Mazzotti 1903 ad Albisola, entrambe "iniziate" dai Futuristi alla ceramica d'artista. Parlando di artigianato e ceramica, va detto che molte aziende *established* – laboratori e manifatture – si sono rinnovate adattandosi all'evoluzione economica e sociale in termini di riorganizzazione dei processi produttivi, uso e condivisione di spazi, risparmio di energie e digitalizzazione. Attenta all'estetica e alla sostenibilità, è Laboratorio Paravicini (Fig. 5), una piccola manifattura al femminile nel cuore di Milano che produce piatti e servizi per la tavola (Figg. 6-7), concentrandosi sulla decorazione a pennello o decalcomania (a stampa serigrafica o digitale) su forme in biscotto commissionato a terzi (Fig. 8).

Una manifattura di design (soprattutto) ceramico è Elica, fondata nel 1993 a Bologna dai designer, artisti e ceramisti Carlo Pastore ed Elisabetta Bovina (Figg. 9-10). Conosciutisi in ISIA Faenza – nel 1987, quando lui è il primo studente ISIA a vendere un progetto ad un'azienda[3] – insieme producono porcellane inconfondibili, vendute da gallerie e *concept store*. La loro *factory* è un ambiente stimolante per artisti, designer e studenti, come l'adiacente Galleria Crete, dove espongono pezzi unici di design e arti applicate.

Oltreoceano, troviamo la stessa modalità operativa negli americani Haas Brothers, Simon e Nikolai, gemelli designer e artisti noti per il loro lavoro con la ceramica e altri materiali. Hanno sviluppato una tecnica originale che combina texture e forme organiche, con un'estetica che esplora il rapporto tra artigianato e design.

Tornando agli sviluppi della ceramica *hand made* – apprezzabili presso musei, mostre mercato, fiere, *e-commerce* e social – si rivela il moltiplicarsi di nuovi ceramisti: liberi professionisti con formazioni multiple – in ambito ceramico e accademico – che generano una completa capacità espressiva; sia essa in arte, design, arti decorative. In questi casi la sostenibilità è fondamentale e con il processo di lavoro organizzato con il motto «poco e bene» si attivano nuove imprese, spesso al femminile, agili a livello gestionale e dirette al target specifico.

Una ceramista di questo tipo è Natalia Triana con il brand *Pepa Flaca*. Colombiana, laureata in arte a Bogotà, si trasferisce a Faenza per studiare ceramica al corso ITS (oggi IFTS tecnico-ceramico), poi apre laboratorio e mostra in un co-working nel cuore di Bologna. Si concentra su gioielli in porcellana – scelta che le permette di lavorare in un piccolo spazio. Si promuove online, attenta alla sostenibilità ecologica e allo *storytelling* del processo produttivo.

3. Si tratta di *Etrusco*, espositore per gioielli in gres e vetro, prodotto da Arca Astucci – Morellato.

Caso simile è quello della designer e ceramista polacca Karolina Bednorz: laureata presso l'Accademia di arte e design di Breslavia con specializzazione in "Arte e design in ceramica", prosegue il suo percorso formativo con una borsa di studio presso l'Istituto Superiore per le Industrie Artistiche di Faenza ISIA, si stabilisce a Modena dove fonda il co-working artigiano *Studio Loom*, per poi aprire la sua attività individuale. Crea elementi per la tavola e la casa in porcellana di gusto astratto e raffinato (Figg. 11-12).

Il recupero del lavoro artigiano nel contesto attuale appena descritto si inserisce quindi in una tendenza più generale che vede la ceramica al centro di uno scenario futuro in cui a una economia globalizzata subentrerà un'attenzione sempre più crescente verso le realtà locali e le risorse del territorio a esso legate. Un futuro dove l'artigianato potrà rappresentare una straordinaria opportunità di beneficio per la comunità.

Perché il lavoro artigiano è di per sé gentile e sostenibile: ama la natura e ne trasforma la materia, odia lo spreco ed è quasi sempre a km 0, perché il territorio rappresenta la sua vocazione e la sua identità. Il lavoro artigiano ama, insegna e si ispira alla tradizione. Porta con sé un'intrinseca moralità, tempi lenti, calma e pazienza. Sviluppa una naturale resistenza alle avversità e resilienza, mostrandoci la strada per un'umanità più profonda e consapevole.[4]

4. Alessandra de Nitto (responsabile di editoria ed eventi di Fondazione Cologni) in apertura del suo intervento nell'ambito della tavola rotonda su «Gentilezza e Sostenibilità» durante la 28° edizione di *Artigianato e Palazzo*, Giardino Corsini, Firenze 2022.

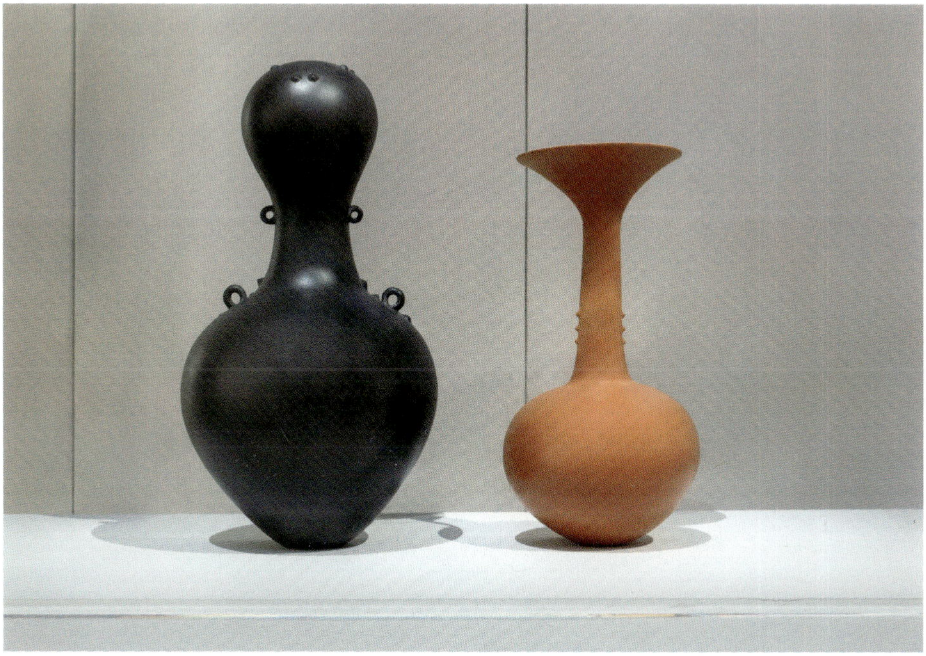

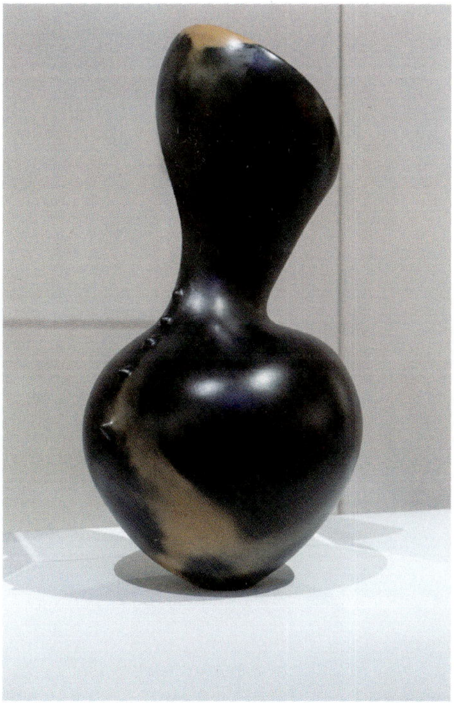

Fig. 1. Madgdalene Odundo, *Untitled Vessel*, 2020-2021, ceramica (terra sigillata), 57 x 32 cm; *Untitled Vessel, Symmetrical Series*, 2017, ceramica, 63 x 34 cm. Vista delle opere alla mostra *The Milk of Dreams*, a cura di Cecilia Alemani, 59° Esposizione internazionale d'arte - Biennale di Venezia 2022. Courtesy La Biennale di Venezia. Photo courtesy Roberto Marossi.
Fig. 2. Madgdalene Odundo, *Untitled Vessel, Symmetrical Series*, 2017, ceramica (terra sigillata), 63,5 x 33,3 cm. Vista delle opere alla mostra *The Milk of Dreams*, a cura di Cecilia Alemani, 59° Esposizione internazionale d'arte - Biennale di Venezia 2022. Courtesy La Biennale di Venezia. Photo courtesy Roberto Marossi.

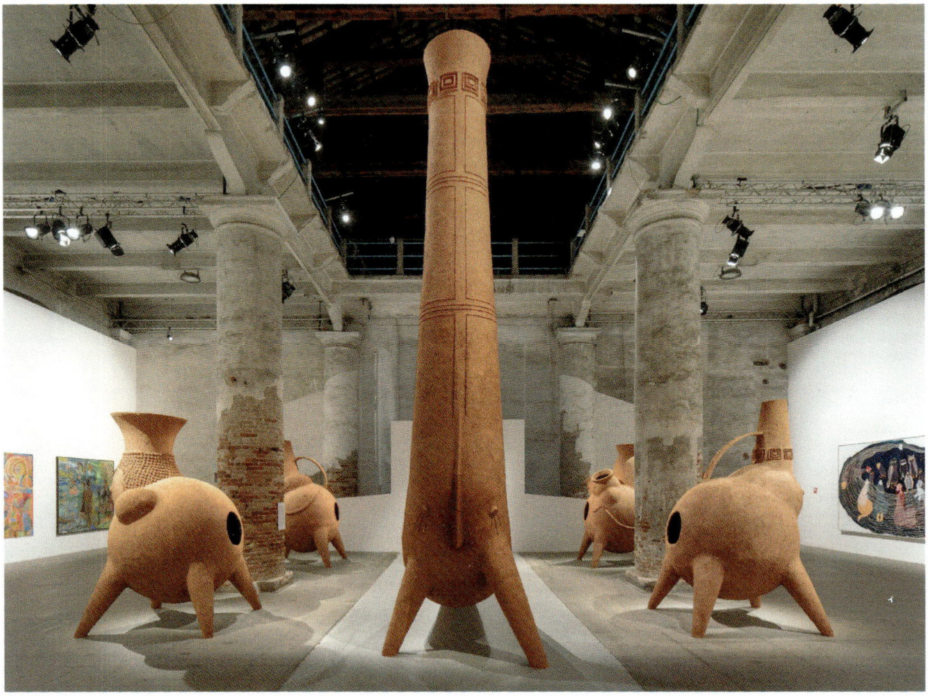

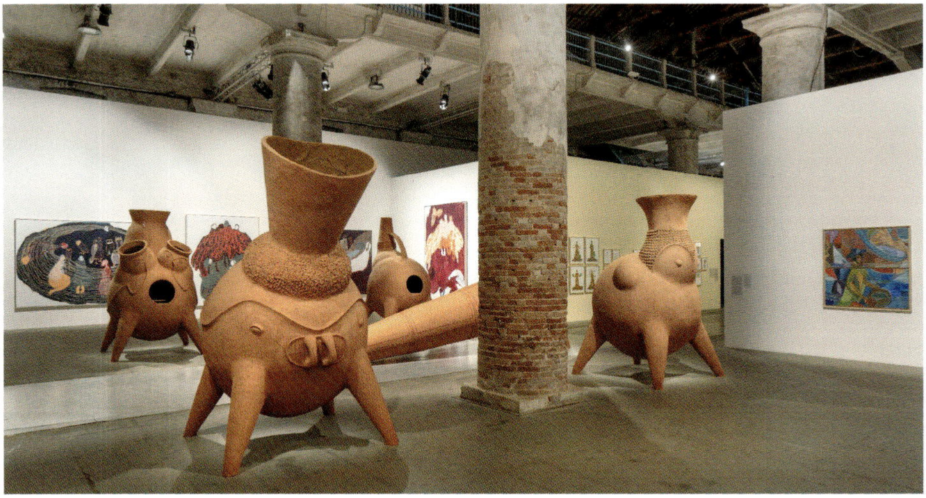

Figg. 3-4. Gabriel Chaile, Rosario Liendro, 600 x 150 x 600 cm; Irene Duran, 300 x 150 x 150 cm; Jose Pascual Chaile, 300 x 150 x 150 cm; Sebastiana Martínez, 300 x 150 x 150 cm; Francisco Chaile, 300 x 150 x 150 cm, struttura metallica, terracotta, paglia essiccata. Vista delle opere alla mostra *The Milk of Dreams*, a cura di Cecilia Alemani, 59° Esposizione internazionale d'arte - Biennale di Venezia 2022. Courtesy La Biennale di Venezia. Photo courtesy Roberto Marossi.

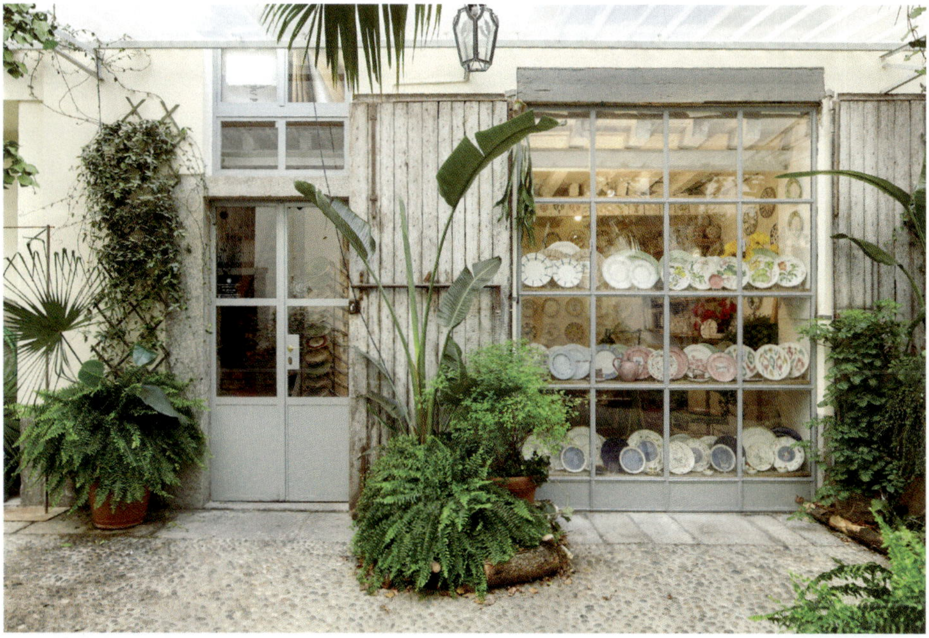

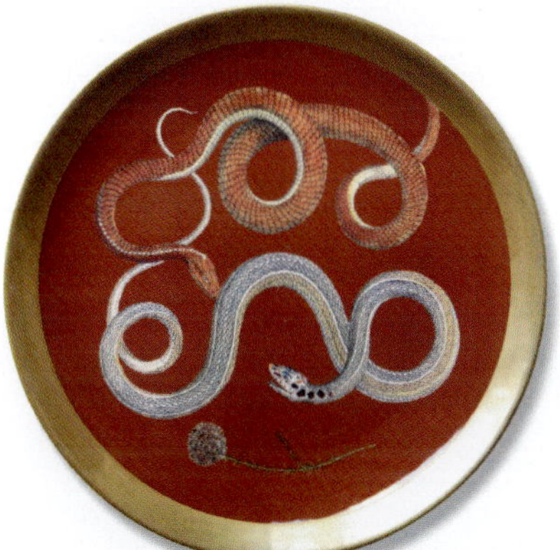

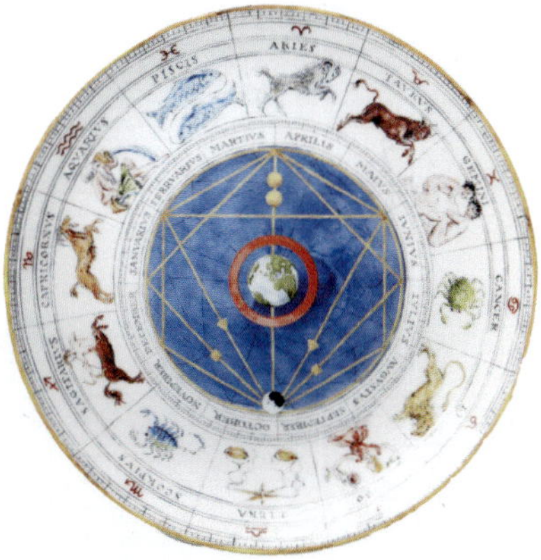

Fig. 5. Laboratorio Paravicini, vista dal giardino della sede in via Nerino, 8, Milano. Photo courtesy Dabbicco.
Fig. 6. Laboratorio Paravicini, Collezione “Serpi”, ceramica (terraglia bianca), stampa serigrafica. Photo courtesy Dabbicco.
Fig. 7. Laboratorio Paravicini, Collezione “Zodiac”. ceramica (terraglia bianca), decorazione a pennello e stampa serigrafica. Photo courtesy Dabbicco.

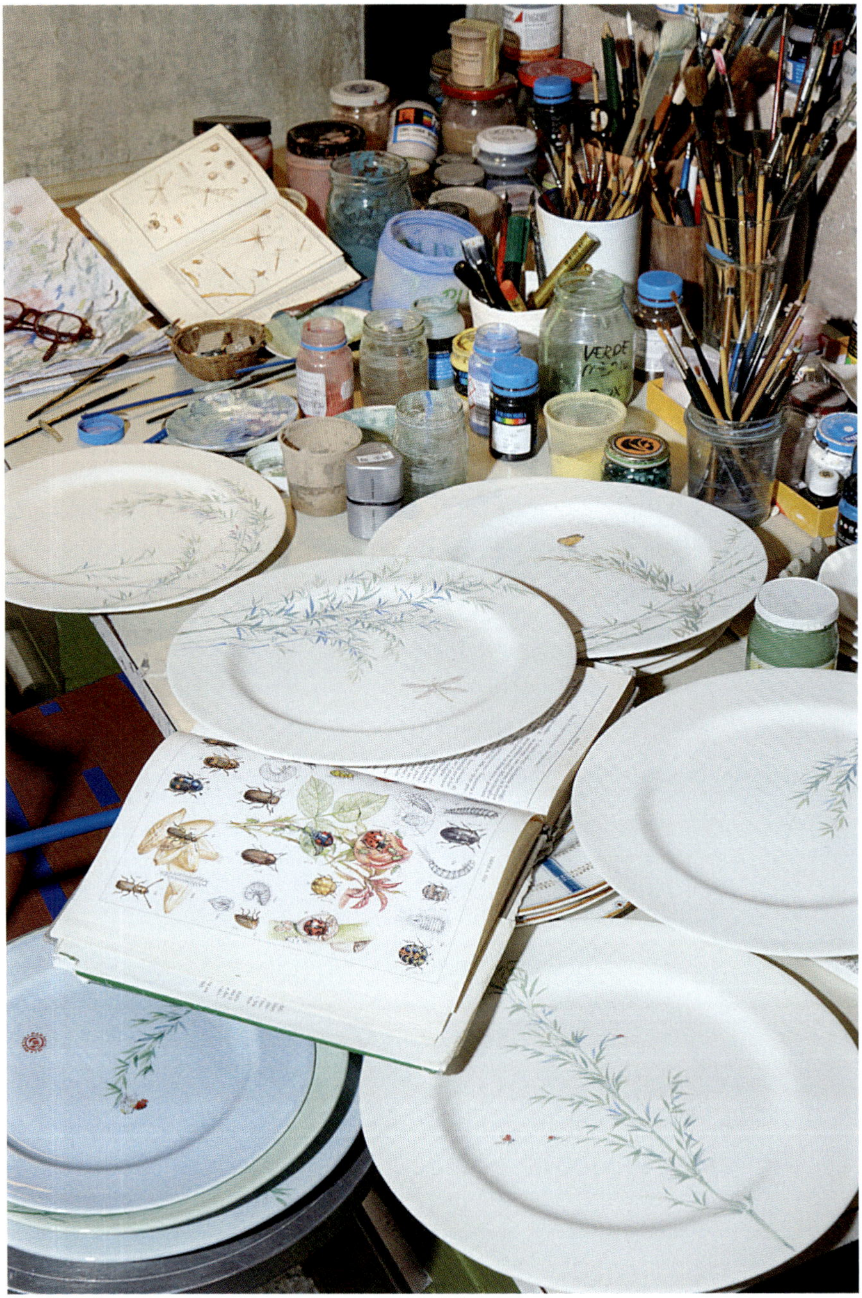

Fig. 8. Laboratorio Paravicini, tavolo di lavoro, processo decorativo a pennello su terraglia bianca. Photo courtesy Sommariva.

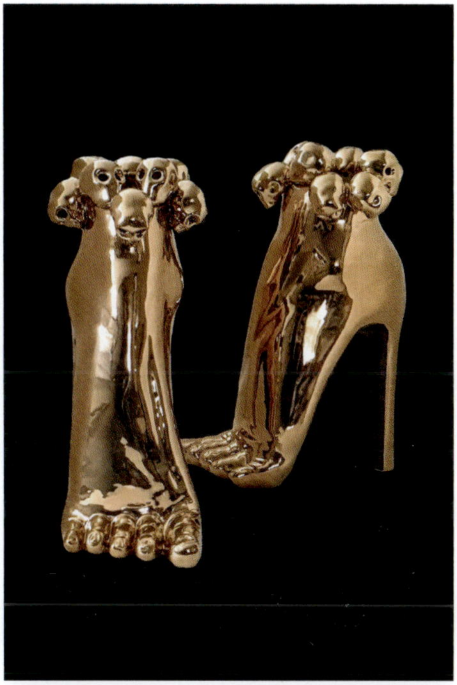

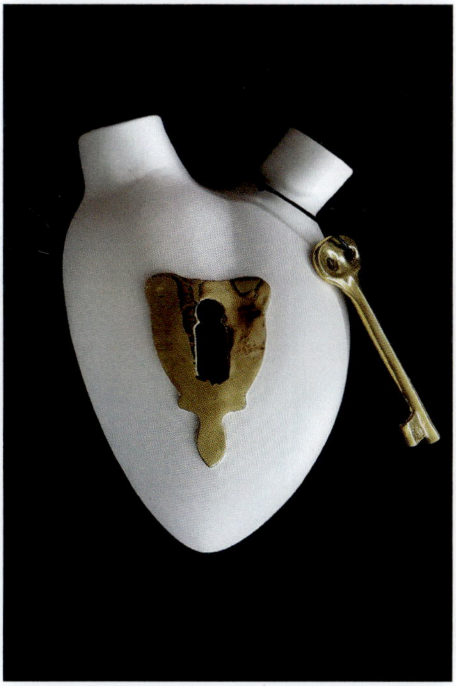

Fig. 9. Elica Studio, *Skull*, 2022, vaso, Collezione “Phylocallos”. Porcellana, smalto, oro a 3° fuoco, 21 x 11 x 22 h cm. Photo courtesy ELICA.
Fig. 10. Elica Studio, *Lock, Open Your Heart* (Madonna, 1986), 2015, vaso da muro. Porcellana, oro a 3° fuoco. Photo courtesy ELICA.

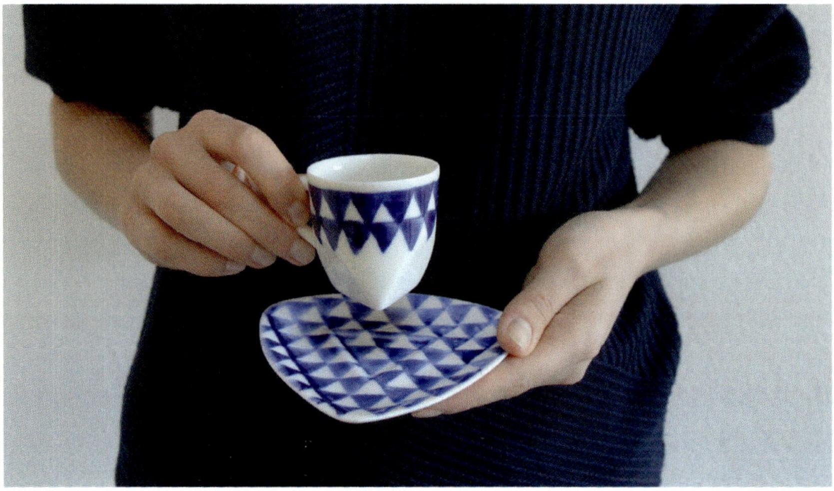

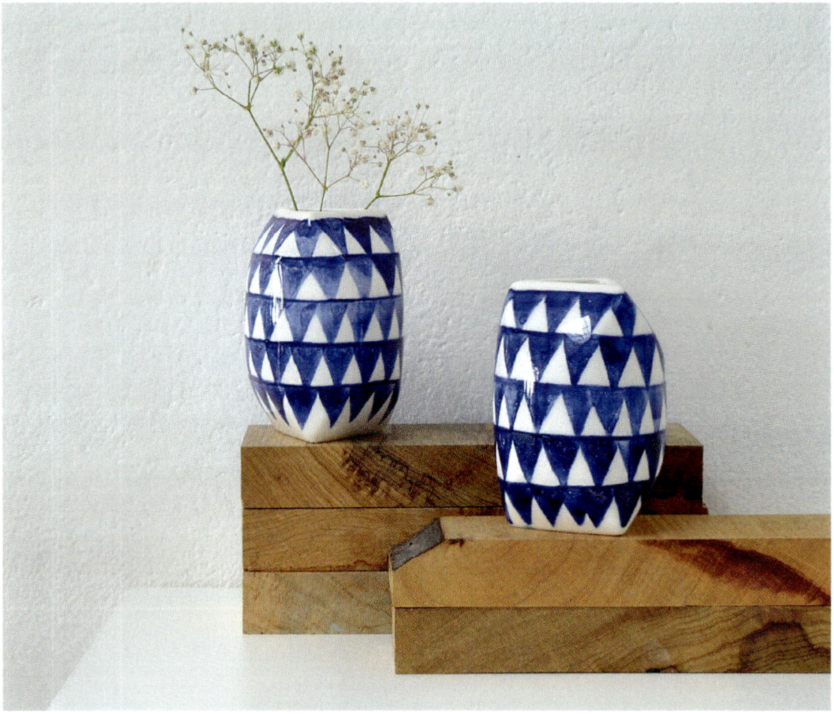

Fig. 11. Karolina Bednorz Ceramics, *Triangle Espresso Set*, porcellana, colore, cristallina. Photo courtesy Karolina Bednorz.
Fig. 12. Karolina Bednorz Ceramics, *Triangle Vase*, porcellana, colore, cristallina. Photo courtesy Karolina Bednorz.

Simone Ciglia

Geografia della ceramica contemporanea in Italia (a partire dalla mostra *La forma della terra*)*

Sembra ormai lontano il tempo in cui, una ventina d'anni fa, Peter Dormer s'interrogava sulle ragioni per cui l'artigianalità (quell'universo che in inglese è racchiuso sotto il termine *craft*) era "intellettualmente sconveniente" nell'arte moderna e contemporanea. Nel corso dell'ultimo decennio, infatti, le tecniche artigiane hanno raccolto una nuova attenzione nella pratica degli artisti contemporanei. Nell'attuale ritorno è facile leggere una reazione di fronte ai processi tecnologici accelerati che disegnano un mondo sempre più smaterializzato. Le premesse possono essere ricondotte in alcuni postulati della cultura postmoderna, in particolare la tensione al superamento della divisione fra "alto" e "basso", ovvero fra le cosiddette "belle arti" e l'artigianato: le prime hanno incorporato una vasta gamma di materiali, tecniche, lavorazioni dal secondo, seguendo un'intenzionalità in cui gioca un ruolo di primo piano l'associazione con il "marginalizzato" – si tratti del femminile, del *queer* o delle culture non occidentali – che ha indirizzato una parte rilevante delle ricerche artistiche contemporanee.

Nell'ampio novero di queste tecniche, un rilievo particolare è stato assunto dalla ceramica: è la natura proteiforme del materiale ad averne sancito la fortuna storica. Come sottolinea l'archeologo William Henry Holmes, la ceramica, al contrario di altri materiali, «non possiede inerenti qualità naturali da imporre una data forma o una classe di forme ai suoi prodotti [...]. È così mobile da essere alquanto libera di prendere forma dall'ambiente circostante, e dove ampiamente usata registrerà o echeggerà una gran parte di natura e di arte coesistente».[1] Nella contemporaneità, questo retaggio quasi ancestrale è stato avvicinato con una volontà di sperimentazione che ha raggiunto risultati di grande originalità, spesso in dialogo

* Questo testo nasce dal dialogo con gli artisti partecipanti alla mostra *La forma della terra. Geografia della ceramica contemporanea in Italia*, curata da chi scrive e organizzata dalla Fondazione Malvina Menegaz per le Arti e le Culture. Si veda *La forma della terra. Geografia della ceramica contemporanea in Italia*, a cura di Simone Ciglia, catalogo della mostra (Castelbasso [TE], Palazzo De Sanctis, 25 luglio-30 agosto 2020), s.l., Di Paolo, 2020.

1. William Henry Holmes, *Origin and Development of Form and Ornament in Ceramic Art*, in «Fourth Annual Report of the Bureau of Ethnology to the Secretary of the Smithsonian Institution», 1882-1883 [1886], pp. 437-466, online su *Project Gutenberg*.

con altri media: nell'orizzonte attuale non sembra infatti più possibile un discorso di specificità del medium. Così, in questa occasione, la scelta si è diretta nei confronti di artisti che impiegano la ceramica nell'ambito di una pratica più ampia.

La forma della terra. Geografia della ceramica contemporanea in Italia ha proposto una mappatura delle possibilità contemporanee della ceramica, orientata sul territorio nazionale. La mostra è concepita come un viaggio attraverso alcuni fra i principali centri di produzione legati a questa tecnica, che ricalcano in larga parte la ricca tradizione storica: da Faenza, che ha saputo più di ogni altro raccogliere la sfida della contemporaneità, ad Albisola Superiore e Albissola Marina (SV), Castellamonte (TO), Nove (VI), Pesaro, Deruta (PG), Castelli (TE), cui si aggiungono le città di Roma e Milano. Abbandonando ogni pretesa di esaustività che la nozione di mappatura porta con sé, ciascuno è rappresentato da opere di autori di diverse generazioni e provenienze. Gli artisti che hanno avvicinato questa tecnica lo hanno fatto nell'ambito di una pratica postmediale. La dimensione collaborativa del processo produttivo è un altro elemento consonante alle pratiche contemporanee che ne ha garantito la recente ripresa.

1. *Alcuni inizi. Albisola, Faenza, Castelli*

L'itinerario della mostra si apre cronologicamente con un'introduzione dedicata ad alcuni autori che hanno aperto la strada al recente ritorno di attenzione nei confronti della ceramica, accogliendola nella propria pratica già dalla fine degli anni Settanta. Due di loro appartengono alla tendenza compresa da Achille Bonito Oliva sotto la fortunata definizione di *Transavanguardia*. Teorizzata alla fine degli anni Settanta del Novecento, la Transavanguardia ha segnato il ritorno alla pittura e alla manualità sotto il segno del nomadismo stilistico. Il *genius loci* rappresenta uno dei caratteri fondanti di questo nuovo clima, che si esprime anche nell'impiego di tecniche tradizionali come la ceramica.

Per Enzo Cucchi non esistono ragioni che lo avvicinano a una determinata tecnica, bensì quella che l'artista definisce «una demenza antica»;[2] a guidare la sua scelta è piuttosto una necessità. Così Cucchi ha toccato la ceramica già dalla fine degli anni Settanta, inizialmente come elemento legato al piano pittorico, quindi dandole autonomia nel decennio successivo, con una produzione che dalla scultura si estende alla scala architettonica.[3] L'artista ha lavorato in alcuni dei principali centri della ceramica italiana (fra cui Albisola, Faenza, Deruta, Castelli). Afferma in proposito Cucchi:

> Tutte le tradizioni artigianali sono inevitabilmente legate al territorio. Se in un determinato luogo si sviluppa una grande tradizione ceramica (mi viene in mente Castelli)

2. Intervista con l'artista, 8 maggio 2020.

3. Sulla produzione ceramica di Cucchi si veda in particolare: *Enzo Cucchi. Ceramica*, a cura di Franco Bertoni, catalogo della mostra (Faenza, Museo internazionale delle ceramiche in Faenza, 5 dicembre 2010-13 febbraio 2011), Torino, Allemandi & C., 2010.

è perché quel luogo ha la giusta esposizione solare, la giusta ombra, i giusti ruscelli che scendono a valle, tutte caratteristiche che rendono la terra locale unica, e con le giuste qualità per poter modellare e cuocere delle ceramiche sopraffine.[4]

Da Castelli proviene appunto il ciclo di opere presentato in mostra, realizzato nel 2015 (Fig. 1). Le ceramiche vetrificate, accomunate dalla piccola dimensione, propongono un bestiario personale sotto il segno di un visionario metamorfismo.

Compagno di Cucchi nella vicenda critica della Transavanguardia, Mimmo Paladino si accosta alla ceramica nel 1993 dopo un incontro con la Bottega d'Arte Ceramica Gatti di Faenza. Da questo episodio, avvia una produzione che ne esplora diversi versanti, da quello plastico – in maniera autonoma o in dialogo con la pittura – a quello installativo e architettonico (con commissioni soprattutto in ambito ecclesiastico, quali portali di chiese o vie crucis).[5] La predilezione di Paladino è indirizzata alla terracotta, che ha per lui «un valore di forma antica e primordiale. La ceramica parla di tempi storici acculturati».[6] Dalla Bottega Gatti proviene anche *Assediato* (Fig. 2), che rielabora in terracotta refrattaria un'idea figurativa comparsa per la prima volta nel 1983 e riproposta in diversi materiali (primariamente bronzo). La composizione subisce un processo di semplificazione, riducendosi a una figura umana centrale che, nella lettura di Enzo Di Marino, appare «attorniata da oggetti apparentemente rituali e da animali simbolici, forse sacrali, che sembrano proteggerla».[7]

Dall'inizio degli anni Ottanta, Ugo La Pietra intraprende un percorso attraverso diverse aree di artigianato tradizionale – oltre alla ceramica, mosaico, alabastro, legno, pietre – animato dal proposito di portare la «"cultura del progetto" là dove, da diversi decenni, non si praticava più il vitale rapporto con la cultura del fare».[8] L'esperienza realizzata attraverso la lavorazione della ceramica è quella attraverso la quale è meglio riuscito a esprimere – afferma l'autore – «il rinnovamento della tradizione. Un'esperienza che mi ha segnato a tal punto da riuscire a trasferire le collaborazioni con l'artigiano della ceramica all'interno delle mie esperienze di ricerca artistica».[9] La lunga frequentazione con questa materia da parte di La Pietra ne segue l'eclettico percorso fra arte, architettura, design, arti applicate.[10] Negli anni Ottanta, nell'ambito di una progettualità incentrata sulla

4. Intervista con l'artista, 8 maggio 2020.

5. Sulla produzione ceramica di Paladino si veda in particolare: *Paladino. Ceramiche*, a cura di Claudia Casali, catalogo della mostra (Faenza, Museo internazionale delle ceramiche in Faenza, 25 maggio-7 ottobre 2012), Prato, Gli Ori, 2012.

6. Dichiarazione dell'artista, comunicato stampa della mostra *Mimmo Paladino. Ceramiche*, 5 dicembre 2005-24 febbraio 2006, Faenza, Banca di Romagna.

7. Enzo Di Martino, *Mimmo Paladino. La scultura, 1980-2008*, Milano, Skira, 2009, p. 18.

8. Intervista con l'artista, 11 maggio 2020.

9. *Ibidem*.

10. Sulla produzione ceramica di La Pietra, vedi in particolare: *Terre e territori. Ceramiche d'arte di Ugo La Pietra. 200 ceramiche dal 1980 ad oggi*, catalogo della mostra (Castellamonte, Palazzo Botton, 7-30 marzo 2009), Verona, Grafiche Aurora, 2009; *Ceramiche d'arte. I luoghi della ricerca di Ugo La Pietra*, a cura di Franco Bertoni, catalogo della mostra (Museo internazionale delle ceramiche in Faenza, 18 ottobre 2009-10 gennaio 2010), Faenza, MIC, 2009.

memoria, La Pietra frequenta il mondo delle arti applicate (in serie come *Abitare con arte*, 1985-1993, e *Cultura Balneare*, 1985-1995). Nel decennio successivo, la riflessione sul tema del *Genius Loci* (1990-2010) rinnova le ragioni di produzioni diffuse in diversi centri ceramici (Faenza, Vietri, Este, Nove, Grottaglie, Albisola), che prosegue con le collezioni dell'ultimo decennio (Albisola, Vietri sul Mare, Caltagirone, Gubbio, Nove). L'impegno si svolge anche sul fronte del dibattito intellettuale attraverso la direzione della rivista «Artigianato tra Arte e Design» (dal 2000). Storicamente la ceramica è sempre riuscita a rappresentare – afferma l'artista – «i caratteri estetici del suo tempo, e quindi può rappresentare un forte insegnamento per quel che riguarda la capacità di comunicazione e di espressione»; si tratta di una materia «altamente ecologica, nasce dalla terra e muore nella terra», che inoltre «ci fa vedere come si può esprimere arte "fuori dagli stili dominanti", in una sorta di modello comunicativo facilmente comprensibile da tutti (quello che gli storici dell'arte chiamano "arte popolare")».[11]

Fra le maggiori serie recenti, quella dei *Libri aperti* (Fig. 3) prende avvio nel 2004 ad Albisola. All'origine l'autore riconosce le proprie sperimentazioni di pittura segnica negli anni Sessanta, cui si unisce il ricordo delle celebri *Nature* di Fontana. Combinando la tecnica dell'ingobbiatura e dell'incisione, La Pietra segna pagine di libri realizzati in ceramica che, nelle parole dell'autore, vogliono «rappresentare», «elencare»,[12] «raccontare».[13]

Per le sue produzioni ceramiche La Pietra ha fatto più volte ricorso alla collaborazione di Bertozzi e Casoni, società costituita a Imola nel 1980 da Giampaolo Bertozzi e Stefano Dal Monte Casoni. Le ragioni che hanno condotto questo sodalizio artistico alla scelta della ceramica come medium esclusivo risalgono alla formazione scolastica, svoltasi per entrambi presso l'Istituto d'arte per la ceramica di Faenza. La scuola – raccontano gli artisti – rappresentava agli inizi degli anni Settanta un ambiente stimolante, frequentato da studenti provenienti da tutto il mondo, «un terreno fertile dove abbiamo appreso oltre alla tecnica una curiosità che porta alla ricerca e alla sperimentazione».[14] Da subito la ceramica s'impone come il loro «tramite, cosciente e non sovrastante».[15] Nel confronto con una tecnica di immensa diffusione sia in termini storici che geografici, nonché legata alle necessità umane, gli artisti sono guidati dal «bisogno di usare la conoscenza che fa parte del bagaglio umano, entrare nel solco della cultura umana e confrontarsi, rinnovarsi nella tradizione».[16]

11. Intervista con l'artista, 11 maggio 2020.

12. Ad esempio, nella serie dei *Libri Aperti Erbario* esposti nel parco del Castello di Agliè nel 2008, per la mostra *Scultura Internazionale ad Agliè 2008. Scultura Natura. Oriente Occidente*, a cura di Luciano Caramel.

13. Ad esempio, i viaggi in Sicilia, con una serie di *Libri Aperti* esposta al Museo delle trame mediterranee di Gibellina nel 2007.

14. Intervista con gli artisti, 8 giugno 2020.

15. *Ibidem*.

16. *Ibidem*.

Nell'intensa militanza con la ceramica, Bertozzi e Casoni affrontano con questa tecnica alcuni temi tradizionali della storia dell'arte. Uno di quelli più frequentati è la natura morta, in particolare il sottogenere incentrato sulla rappresentazione di avanzi di cibo: si tratta per gli artisti di «indizi, [...] tracce che l'uomo lascia nel suo passaggio», tradotte nella ceramica in composizioni di straordinario virtuosismo tecnico (a questa serie appartiene anche l'opera in mostra, *Quel che resta*, 2018: Fig. 4). La loro attenzione è diretta a quella «estetica della tavola», dettata dalla grande tradizione delle *vanitas*, cui affermano di aver «aderito in tutta incoscienza».[17] Al tema è legato un altro dei cicli scultorei recenti più consistenti – quello dei *Cestini*, ribattezzati dagli autori *della discordia* – in cui rifiuti di vario genere sono impilati all'interno appunto di un cestino, abitato dall'unica forma di vita delle lumache (ne fa parte la seconda opera che partecipa all'esposizione, *Cestino della discordia*, 2018).

2. *Le due Albisole*

Le contigue Albisola superiore e Albissola marina (SV) costituiscono uno degli epicentri della ceramica contemporanea in Italia, che ha vissuto la stagione più felice nel periodo futurista e negli anni Cinquanta del Novecento. Questa tradizione è stata ripresa recentemente da iniziative come la Biennale di ceramica nell'arte contemporanea che, in quattro edizioni dal 2001 al 2010, ha invitato artisti e designer a confrontarsi con questa tecnica.[18] Oggi questo patrimonio è custodito soprattutto nel Museo della ceramica di Savona. Fra gli animatori dell'iniziativa insieme a Tiziana Casapietra (attuale direttrice del museo), Roberto Costantino ha sottolineato nella sua analisi del territorio le ambivalenze con le quali si confronta la ceramica nella contemporaneità:

> Albisola da una parte è un territorio simulacrale, privo di terre e colori – un territorio dove i fondamentali materiali ceramici sono assenti, ovvero non si producono più ma si importano da altri centri di produzione; d'altra parte, Albisola è uno "spazio d'azione" che risulta connotato storicamente da una leggendaria memoria artistica, costituta da un repertorio di affascinanti racconti e innovative iconografie, consa-

17. *Ibidem*.

18. *I Biennale di ceramica nell'arte contemporanea. Il volto felice della globalizzazione*, Museo civico d'arte contemporanea, Comune di Albissola Marina, 21 luglio 2001 - 30 settembre 2001; Museo Ariana, Ginevra, 26 Giugno 2002 – 2 settembre 2002; *II Biennale di ceramica nell'arte contemporanea*, Museo della ceramica "Manlio Trucco", Albisola Superiore; Circolo degli Artisti, Albissola Marina; Studio Fontana, Albissola Marina; Pinacoteca civica, Savona; Villa Groppallo, Vado Ligure; Ex Stazione Ferroviaria, Vado Ligure, 27 settembre 2003 - 9 novembre 2003; *III Biennale di ceramica nell'arte contemporanea. Indisciplinata*, Museo della ceramica "Manlio Trucco", Albisola Superiore; Casa Museo Asger Jorn, Albissola Marina; Pinacoteca civica, Savona; Spazio Parfiri, Vado Ligure, 08 luglio 2006 - 10 settembre 2006. *IV Biennale di ceramica nell'arte contemporanea. Cambiare il mondo con un vaso di fiori*, Istituto italiano di cultura di Madrid - Ambasciata d'Italia in Spagna, gennaio - marzo 2010; Fondazione Pier Luigi e Natalina Remotti - Città di Camogli, settembre 2010 - marzo 2011; Mudac-Museo di design e arti applicate contemporanee di Losanna, giugno - settembre 2011.

pevole autoriflessività ed eccezionali relazioni con la ceramica che rivelano in loco un'attitudine propria ai modi di fare delle avanguardie europee del Novecento.[19]

Fra gli artisti invitati alla terza edizione nel 2006 (*Indisciplinata*), Liam Gillick presenta *Multiple Revision Structure*. Si tratta di una sequenza di semplici forme circolari realizzate in ceramica lucida, in cui ciascun elemento va combinato con almeno un altro (secondo accostamenti cromatici liberi). L'opera è – nelle intenzioni dell'autore – sia funzionale che estetica: «Si può adoperare per tutte le situazioni in cui è utile un vassoio. Può anche essere esposta o mescolata con piccole opere di altri artisti. È difficile realizzare questa forma semplice, tuttavia il suo posto nel mondo passerà abbastanza inosservato».[20]

Nella stessa occasione, Adrian Paci realizza il trittico *Secondo Pasolini*. Animato dal proposito di «fare qualcosa di quasi artigianale»,[21] dipinge su tre tipi di terre diverse altrettante scene tratte dal film *Il Vangelo secondo Matteo* di Pasolini. Paci è tornato più volte sull'opera dello scrittore e regista italiano, «folgorato dalla freschezza di queste immagini, cariche di memoria ma allo stesso tempo piene di una vicinanza quotidiana, dove il sublime e il banale si sfioravano continuamente». Da questo confronto nasce l'ampio ciclo di lavori *Secondo Pasolini*, al quale appartiene l'opera esposta. Al centro è una ricerca pittorica in dialogo con l'immagine in movimento, con quella che Paci definisce «la bellezza fragile del *frame*, il suo aspetto frammentario, il suo essere sempre in bilico fra il fermo immagine e il movimento».[22] L'artista non desidera «fare un commento o una interpretazione su Pasolini e i suoi film» ma «semplicemente condividere il suo sguardo con il mio e dargli un'altra materia, un altro gesto e un altro tempo».[23]

Cambiare il mondo con un vaso di fiori è il titolo della quarta edizione, cui è invitato – fra gli altri – Luca Vitone. Nonostante abbia lavorato spesso sull'idea di memoria, Vitone non ha mai ritenuto «che le produzioni artigianali legate al passato fossero una priorità per l'espressione artistica contemporanea».[24] Ciò non gli ha vietato di fare ricorso a questo tipo di tecniche, secondo un criterio di scelta dei materiali che dipende «dall'esigenza e gli stimoli» offerti dal progetto. La ceramica, in particolare, ricorre in quattro momenti nel suo percorso. In occasione della mostra personale *Stundàiu* (Roma, Palazzo delle Esposizioni, 2000) espone un salvadanaio, *Bûsciuéta*, la cui forma di mattone detta la scelta della terracotta. Invitato l'anno successivo alla prima edizione della Biennale di ceramica di arte contemporanea ad Albisola, realizza un oggetto che mima un reperto archeo-logi-

19. Roberto Costantino, *Cambiare il mondo con un vaso di fiori*, in *IV Biennale di ceramica nell'arte contemporanea. «Cambiare il mondo con un vaso di fiori»*, catalogo della mostra (Camogli, Fondazione Pierluigi e Natalina Remotti, 25 settembre 2010-27 febbraio 2011), Mantova, Corraini Edizioni, 2010. Ripubblicato online, http://www.attesedizioni.org/critica/costantino/page_03.html.

20. Liam Gillick, http://www.attesedizioni.org/biennali/terza_biennale/index.html

21. Adrian Paci, in #iorestoacasa: Adrian Paci racconta l'opera *Secondo Pasolini*, https://www.youtube.com/watch?v=vOlYC-L1NNI.

22. *Ibidem*.

23. *Ibidem*.

24. Intervista con l'artista, 29 marzo 2020.

co (*Industria litica, 25.000 a.C., Grotta della Bàsura, Toirano*). L'artista ricorda quella con le maestranze sul territorio come «un'esperienza molto interessante e divertente sia dal punto di vista della progettazione che da quello umano».[25] Il rinnovato invito alla quarta edizione della Biennale conduce alla produzione di *Eppur si muove (vaso)*, esposto a *La forma della terra* (Fig. 5). Rispondendo al tema della rassegna, Vitone realizza un vaso da fiori che unisce il simbolo della ruota – elemento ricorrente nel suo lavoro ripreso dalla cultura rom in cui rappresenta «vita, crescita, movimento» – sul fondo nero della bandiera anarchica. Per l'autore si tratta di un tentativo di «fondare un pensiero libero dai confini e dalle convenzioni con cui abitiamo quotidianamente».[26] L'ultimo episodio ceramico nel lavoro di Vitone è quello di una mostra personale a Genova alla Galleria Pinksummer, *Il volo del Grifo* (2010), in cui riproduce in terracotta il piffero ligure o delle quattro province, strumento della tradizione musicale della zona montuosa fra le province di Genova, Piacenza, Pavia e Alessandria.

All'ultima edizione della Biennale di ceramica di arte contemporanea prendono parte anche Vedovamazzei con *Reset* (Fig. 6). Il tema del vaso è interpretato qui con la realizzazione di una forma in ceramica bianca che ricorda un'urna funeraria. Il vaso è attraversato in senso diagonale da una rosa rossa, «quasi a significare – affermano gli artisti – che il senso della vita è guidato dalla morte».[27] A questo allude anche il titolo, che evoca i concetti di "ripristino" e "risistemazione". L'attrazione nei confronti della ceramica viene ricondotta da Vedovamazzei alla «fortissima componente di artigianalità, una manipolazione della materia argilla che talvolta modella la materia e a volte diventa quasi un elemento pittorico, come dipingere sfumando due colori ad olio su una superficie».[28] Nella loro frequentazione ventennale di questa tecnica, essa ha «facilitato il significato concettuale dell'oggetto d'arte, che altrimenti si sarebbe letto con significati meno appropriati». Nel caso del lavoro in mostra, ad esempio, «la tecnica è prepotente, il vaso non poteva essere modellato per il suo significato metaforico, se non in creta».[29] In merito al rapporto con l'artigianato, Vedovamazzei auspicano che quest'ultimo si confronti con l'arte contemporanea piuttosto che con quella del passato: «L'artigiano – affermano – dovrebbe dialogare e scambiarsi ruoli per arricchire e sviluppare conoscenza e non avere spesso comportamenti di subalternità con l'artista».[30]

3. *Deruta*

È stata forse anche l'immersione in un territorio ad alta densità di tradizione ceramica a indirizzare Enrico Castellani verso questo medium. L'artista, infatti,

25. *Ibidem*.
26. *Ibidem*.
27. Intervista con gli artisti, 23 giugno 2020.
28. *Ibidem*.
29. *Ibidem*.
30. *Ibidem*.

è stato a lungo residente a Celleno, nel viterbese, in prossimità con alcuni fra i maggiori siti di produzione centroitaliani, quali Viterbo, Civita Castellana, Orvieto, Gualdo Tadino, Gubbio, Deruta. È in quest'ultima località che nel 2002 è stata prodotta per un collezionista una serie di otto piatti, un unicum nella produzione dell'artista (Fig 7).

Castellani traduce nella ceramica la grammatica che, messa a punto fra gli anni Cinquanta e Sessanta del Novecento, ha definito in maniera costante la sua pittura, fondata sull'accentuazione delle superfici attraverso una trama variamente declinata di estroflessioni e introflessioni, che si apre all'interazione con la luce e lo spazio. L'artista l'aveva così lucidamente illustrata in un testo programmatico:

> Le mie superfici in tela o laminato plastico o d'altro materiale, plasticamente smaterializzate dalla mancanza del colore, in quanto elemento di composizione, tendono a modularsi, accettano la terza dimensione che le rende percepibili; la luce è ormai strumento di questa percezione: vi sono abbandonate nella sua accidentalità, forma ed intensità contingenti. Ma non facendo più parte del dominio della pittura o della scultura, e dell'architettura potendo assumere il carattere di monumentalità o ridimensionarne lo spazio, sono il riflesso di quello spazio interiore totale, privo di contraddizioni, cui tendiamo, e pertanto esistono, in quanto oggetti di istantanea assimilazione, la durata di un atto di comunione; prima che il tempo le confini nella loro materiale precarietà.[31]

Nella serie ceramica – in parte esposta a *La forma della terra* – il gioco di animazione della superficie è riportato nelle dimensioni contenute del piatto, sottratto al carattere utilitaristico per entrare – come rileva Paolo Nardon[32] – nella tradizione del piatto da parata. Riprendendo un'idea risalente al 1981, Castellani inserisce nel profilo circolare del piatto la trama regolare delle estroflessioni e introflessioni, a individuare chiaramente, o solo suggerire, una forma quadrata. Il bianco della maiolica trova una corrispondenza con il colore monocromo predominante nella produzione di Castellani. La trasposizione materica – già tentata dall'artista su altri supporti come carta o metallo – accentua qui il carattere plastico del principio compositivo al centro del suo lavoro, mentre la componente manuale sembra recuperare un tono emotivo. A proposito del rapporto con la tecnica, Castellani aveva affermato:

> Io non credo alla tecnica come lievito per nuove idee, come provocatrice di cose nuove: sarà sempre subordinata alla volontà dell'artista. Quando avessi in mente un progetto che fosse una invenzione di linguaggio, in questo caso troverei anche la tecnica esatta. La tecnica viene automaticamente dopo l'idea, ma come un fatto spontaneo: la ricerca della tecnica, per me, è a un livello talmente normale che non vale neanche la pena di parlarne.[33]

31. Enrico Castellani, *Totalità nell'arte di oggi* (1958), in «ZERO», 3 (1961), s. n. p.

32. Le opere sono state esposte in occasione della mostra *Complice il fuoco*, 7-31 dicembre 2019, Ponte Valleceppi, Perugia.

33. Enrico Castellani, in Carla Lonzi, *Autoritratto. Accardi, Alviani, Castellani, Consagra, Fabro, Fontana, Kounellis, Nigro, Paolini, Pascali, Rotella, Scarpitta, Turcato, Twombly*, Milano, Abscondita, 2017, p. 78.

4. *Castelli e l'Abruzzo*

Ai piedi del Gran Sasso, Castelli (TE) ha saputo far uso delle risorse naturali a disposizione per avviare una tradizione di ceramica che ne ha proiettato il nome a livello internazionale, toccando i vertici qualitativi nel Cinquecento e nel Seicento. La vicenda prosegue con alterne fortune nella contemporaneità, con una produzione artistica dagli esiti discontinui e programmaticamente incapace di affrancarsi dalla logica dell'episodio. Castelli segna idealmente il punto d'inizio della mappatura tracciata nell'esposizione: qui infatti è stata realizzata, fra il 2019 e il 2020, l'installazione *Modellare l'acqua* di Mario Airò, presentata per la prima volta al pubblico italiano in occasione della mostra *La forma della terra* (Fig. 8).[34] La frequentazione di Castelli durante le fasi di produzione ha portato alla conoscenza di un territorio ancora oggi fondato sulla ceramica, nel quale alla crisi economica si sono aggiunti i danni provocati da ripetuti fenomeni sismici. La memoria del contemporaneo è testimoniata dalla Raccolta internazionale d'arte ceramica contemporanea, custodita presso il liceo artistico "Francesco Antonio Grue". Dalla collezione, istituita nel 1986 e che conta più di cinquecento pezzi, sono stati selezionati per la mostra due episodi che vogliono documentare il contesto castellano.

È la frequentazione con lo scultore Giancarlo Sciannella a indirizzare sulla via di Castelli Luca Maria Patella. Nel lavoro prodotto in questa circostanza, l'artista interpreta la ceramica – saltuariamente presente all'interno della sua pratica – come semplice supporto per la scrittura poetica. Su una tavoletta, scrive con la propria calligrafia una poesia (*Senza titolo*, 2000) che recita:

acero cero
una foglia da un
ramo cascata
à la forma
di bocca
la raccolgo
e la porto
da te

muro giallo
calce nato dal sole
su questo versante
con case ad aereo
fasciste
città dadi
menticare

34. Il progetto è risultato vincitore nell'edizione 2019 del bando *Italian Council*, ideato dalla Direzione Generale Creatività Contemporanea del Ministero per i Beni e le Attività Culturali e per il Turismo, per la promozione dell'arte contemporanea italiana nel mondo. L'installazione, esposta in anteprima nel febbraio 2020 allo spazio Bazement di Tirana in collaborazione con l'Istituto italiano di cultura di Tirana, è entrata a far parte della collezione permanente del Museo internazionale della ceramica di Faenza.

La scrittura è parte della pratica multiforme di Patella, che dagli anni Sessanta del Novecento attraversa campi disciplinari diversi – psicologia, cosmologia, letteratura alcuni fra i più frequentati – sotto il segno di un costante sperimentalismo linguistico. Sul versante letterario, il catalogo dell'autore comprende libri d'artista, testi teorici, narrativa e poesia. È da quest'ultimo ambito che proviene la breve lirica incisa sulla terraglia colorata, in cui Patella racchiude un'illuminazione, dispiegando il suo gusto per il *calenbour*.[35] Interpellato per l'occasione a proposito di quest'opera, l'artista propone una parafrasi e un commento:

> Io... brucio (uro) e trovo una foglia cascata da un acero, caro, e che ha la forma di una bocca...
> C'è anche un muro giallo, di calce: calcinato dal Sole estivo...
> Ci sono case aerodinamiche (come si usava nell'architettura fascista degli anni '30-'40-'50, e come se case e balconi: dovessero volare!)...
> Ma Roma è città da dimenticare: con un coup de dés!
> Insomma, si tratta di una 'con-sidera-azione' psicologica: l'Inconscio maschile: è femminile (Rosa Foschi?), secondo Jung...
> E, potrei dire: cera mica? sì che c'era! Eccola là, la 'tavoletta', povera, estetica e antiquata, ma ricca di contenuti scritti e incisi! ... e che non finiscono più: dalla storia, all'azione, dalla Psiche alla rel-azione!
> Qui, citerò Dante, incredibilmente... grande poeta, intellettuale ed amico! Anche 'auto-proiettivo' (come ho analizzato in un 'libro-lavoro' del 1980 e precedenti). Assai più e prima dell'altro amico: Duchamp!
> Dante, che affermava anche: 'et io sorridendo li guardavo, e non dicea loro niente!'. Non era scherzo, ma: profonda ebeatitudine, nòo?!...[36]

Nella stessa raccolta è custodita una testimonianza anche di Gino Marotta, che all'inizio degli anni 2000 ha frequentato Castelli, dove ha prodotto un ciclo di lavori successivamente esposti nella stessa località.[37] La ceramica aggiunge un nuovo capitolo alla inesauribile sperimentazione tecnica dell'artista. In questo materiale, Marotta ripropone uno dei temi centrali del suo repertorio iconografico – quello dell'albero – che ha ricevuto molteplici varianti.[38] In questa versione ceramica, la forma è ridotta a un profilo dorato che descrive la chioma e il tronco, mentre le dimensioni contenute avvicinano l'oggetto al mondo del design. L'impiego della ceramica rivisita la dialettica fra naturale e artificiale al centro del lavoro di Marotta, restituendo al dominio del primo tanto il soggetto quanto il materiale che lo costituisce.

Oltre Castelli, la produzione ceramica si è estesa ad altri centri della regione. Fra questi, il laboratorio fondato nel 1980 da Giuseppe Liberati a Villamagna (CH)

35. Il testo, tratto dalla raccolta Luca Maria Patella *Io son dolce sirena. Poesie dal 2000 al 2002*, Napoli, Fondazione Morra, 2003, è stato ripubblicato recentemente in Luca Maria Patella, *Canzoniaere*, Pistoia, Gli Ori, 2020, p. 152.

36. Trascrizione di un testo inedito dell'artista, 25 giugno 2020.

37. *Gino Marotta. Rupestre: opere in ceramica realizzate a Castelli*, a cura di Antonello Rubini, catalogo della mostra (Castelli, Museo delle ceramiche), Sant'Atto di Teramo, Edigrafital, 2002.

38. *Grande alone*, 2002, Brufa.

è stato scelto per una recente commissione di Felice Levini. Il ricorso alla ceramica ha carattere occasionale per l'artista, all'interno di una pratica che si muove liberamente fra mezzi diversi cui sottostà un personale «ideale immaginario pittorico».[39] La scelta della materia per Levini è parte integrante dell'idea stessa del progetto, dell'intuizione. Per quanto riguarda la terracotta, afferma l'autore

> pur essendo legata a una forte componente artigianale del territorio, non deve però essere fraintesa o scambiata per folklore, o peggio, come oggettistica da ricordino, ma come una materia che in mano a dei bravi artigiani e artisti, può dare grandi risultati sia nel campo dell'arte, del design e dell'architettura, ma anche in quello industriale e nella ricerca scientifica e aerospaziale.[40]

In questa occasione, l'artista modella una coppia di vasi: ciascuno riporta sull'orlo il calco di una mano e di un piede (plasmati su quelli dello stesso autore) che si caricano di evocazioni mitologiche (*Minerva*, 2019; *Mercurio*, 2020). Le opere sono considerate da Levini come «eccezioni che rientrano a ragione nella mia pratica artistica. Insomma, cose fatte di terra, acqua, fuoco, dipinti o in punta di pennello. Cose semplici, estremamente versatili, accattivanti, quasi fuori dal tempo».[41]

In Abruzzo si colloca anche la realizzazione dell'opera di Matteo Fato, concepita espressamente per *La forma della terra*, che segna la prima occasione di contatto con la modellazione dell'argilla. Il primo desiderio di lavorare con questo linguaggio – racconta l'artista[42] – risale a una quindicina di anni fa, in seguito all'incontro fulminante con le opere di Fontana conservate presso la collezione vaticana. In quel momento, l'impulso viene tuttavia messo da parte in quanto ritenuto prematuro. Per Fato, l'insieme di tecniche cui abitualmente fa ricorso sono sempre considerate in relazione alla pittura: «una sorta di mezzo di distruzione dell'immagine, la cui ricostruzione avviene attraverso la pittura», spiega l'artista; strumenti concepiti «per la lettura della pittura», vista come «di lato». Il legame con la materia pittorica che Fato individua nella ceramica lo trattiene dall'accostarsi a questa tecnica, pur nel «grado estremo del desiderio» (come lo chiama Agamben) nei suoi confronti. L'aver accettato l'invito del curatore in questa occasione ha rappresentato in un certo senso una forzatura, elemento tuttavia ritenuto necessario. L'opera che ne è nata trova anch'essa origine dalla visita a un museo, quello del Louvre (durante una residenza a Parigi nel 2012), durante la quale Fato s'imbatte casualmente in una scultura che lo colpisce per l'«immediatezza dell'immagine», senza alcun elemento di conoscenza: si trattava di una delle statue neolitiche di 'Ain Ghazal, un complesso datato fra la metà del VII e la metà dell'VIII millennio a. C. scoperto in Giordania negli anni Ottanta del Novecento. Considerate fra le prime rappresentazioni dell'essere umano a grande scala, la

39. Intervista con l'artista, 5 giugno 2020.

40. *Ibidem*.

41. *Ibidem*.

42. Conversazione con l'artista, 29 giugno 2020. Tutte le citazioni fanno riferimento a questo colloquio.

loro funzione resta non ancora del tutto chiarita. Sul momento Fato ne fa oggetto di studio attraverso il disegno – secondo il metodo di lavoro sperimentato in quel periodo – per abbandonare successivamente l'immagine, forse proprio a causa della sua potenza. In seguito, la scultura si ripropone, ancora in modo casuale, durante la visione del film *Francofonia* di Sokurov, dov'è oggetto di analisi e tramite per parlare del rapporto fra uomo e immagine. Da qui deriva appunto il titolo labirintico del lavoro: *Tutto questo cominciò così tanto tempo fa, l'umana ricerca della figura in opposizione al simulacro; il grido il lamento la scoperta dell'anima, la mano è più viva dello spirito, crea la forma prima del pensiero. Questa scultura ha 9000 anni, è stata scoperta in Giordania nel 1972*. Questa frase è sentita dall'artista come un riflesso del proprio rapporto con la ceramica, nato appunto molto tempo fa «come – dice – se un amico mi sussurrasse qualcosa che mi faceva sentire al sicuro». Il progetto rappresenta per l'autore l'occasione di una forzatura nella possibilità di riguardare alla pittura, quasi di «contraddire» tutto quanto fatto in precedenza. Dalla pittura prende infatti avvio il processo realizzativo, con il ritratto della statua neolitica; da qui, attraverso un passaggio immediatamente successivo, la figura viene plasmata nella terracotta, tornando quindi al modello di partenza, come un «tentativo di modellare la pittura attraverso la scultura». Dall'iniziale concezione di bozzetto per una rappresentazione di dimensioni maggiori, la statuetta, depositata nello studio, acquisisce un valore cui l'artista si deve arrendere, «come – afferma – se l'aria dello studio ne avesse effettuato la cottura». Nel processo messo in campo Fato individua la possibilità di «ritrarre un metodo». Le due immagini – il dipinto e la scultura – si ritrovano quindi affiancate sul supporto della cassa di trasporto dell'opera, dispositivo caratteristico del lavoro dell'autore.

Fato rivendica un approccio «quasi artigianale» alla terracotta, espresso nella particolare tipologia utilizzata, quella autoindurente (che non necessita di cottura), vicina al mondo dell'hobbistica. Il rapporto con la dimensione artigianale è sempre stato centrale all'interno della sua pratica. L'attenzione riservata alla fase di preparazione in ambito pittorico viene fatta derivare appunto dall'analisi dell'artigianato, dalla bottega del pittore. L'avvicinamento a questa dimensione è considerato un valore nel lavoro, che nel dialogo con l'artigiano raggiunge un determinante grado di perdita del controllo. La nuova produzione indica la possibilità di lavorare con la ceramica in futuro.

5. *Faenza*

Nella geografia della ceramica italiana, Faenza è senza dubbio la città che è riuscita meglio a cogliere la sfida della contemporaneità. Intorno alla ceramica è stato infatti creato un sistema che ne interessa ogni aspetto, dalla produzione (trainante il ruolo svolto dalla Bottega Ceramica Gatti) alla didattica (con scuole come ISIA) alla musealizzazione (fra le maggiori istituzioni presenti, il Museo jnternazionale della ceramica e il Museo Carlo Zauli). Fra gli attori maggiormente attivi sul territorio, il Museo Carlo Zauli promuove dal 2003 un progetto di residenze, coinvolgendo artisti che non hanno mai impiegato la ceramica.[43] Grazie a questa iniziativa, l'istituzione è riuscita a costruire una delle collezioni di maggiore interesse nell'ambito della ceramica contemporanea, da cui abbiamo selezionato alcuni episodi.

Partecipante alla seconda edizione nel 2004, Mathieu Mercier estende in questa occasione la propria indagine sullo statuto degli oggetti – che si muove fra arte, design, architettura – al mondo naturale. La sua scultura *Big bean* ingigantisce infatti la forma di un fagiolo plasmandola nella ceramica bianca, creando un oggetto che espande in maniera ambigua l'arte verso il campo del design, attraverso la modellazione di una forma nella quale l'origine naturale si unisce all'immaginario biomorfo di matrice surrealista.

In residenza l'anno successivo, Eva Marisaldi aggiunge un nuovo capitolo al catalogo estremamente vario di tecniche e linguaggi del suo lavoro, che spesso ha fatto ricorso a tecniche manuali e artigianali. L'artista si serve del grès per realizzare dei coriandoli multicolori, presentati come abbandonati sul pavimento: *Pixeland* (Fig. 9). L'opera prosegue la riflessione sulla mediazione tecnologica nei rapporti interpersonali e il suo regime d'immagini digitali: a questo allude il riferimento al *pixel* (unità minima di scomposizione dell'immagine) contenuto nel titolo, che ripete quello di un lavoro precedente.[44] Il ragionamento si estende qui a un altro dei nuclei tematici di Marisaldi, relativo alla festa «come parentesi temporale» e «situazione connotata da una sospensione, come occasione fuori dal normale», nell'analisi di Elisabetta Modena.[45] Alterando la percezione dell'ordinario, l'artista arresta la malinconica bellezza dell'effimero.

Invitato nel 2006, Piero Golia lavora su materiali di recupero – una serie di piatti di varie tipologie e una zuppiera in porcellana e terraglia – sui quali interviene con un processo di smaltatura a bassa cottura: trasferendo sulla superficie un decoro astratto in cui si combinano variamente circoli di colore ciano, magenta e giallo, l'artista proietta a dimensione quotidiana una ironica riflessione sulla visione.

All'edizione del 2008 partecipa Alberto Garutti, che nei laboratori del museo realizza la sua *Madonna* (Fig 10), una copia a grandezza naturale della Madonna

43. Il progetto, ideato da Matteo Zauli, ha visto la partecipazione dei seguenti artisti: Anemoi, Salvatore Arancio, Sergia Avveduti, Massimo Bartolini, Marco Basta, Giulia Bonora, Chiara Camoni, Pierpaolo Campanini, Gianni Caravaggio, Arianna Carossa, David Casini, Lorenzo Commisso, Folkert De Jong, Alessandro Di Pietro, Natascia Fenoglio e Patrick Tuttofuoco, Michele Gabriele, Alberto Garutti, Francesco Gennari, Giovanni Giaretta, Piero Golia, Emma Hart, Simon McGrath, Eva Marisaldi, Mathieu Mercier, Maurizio Mercuri, Jonathan Monk, Luca Monterastelli, Ornaghi & Prestinari, Bruno Peinado, Diego Perrone e Christian Frosi, Andrea Romano, Marco Samorè, Daniel Silver, Francesco Simeti, Luca Trevisani, Davide Valenti, Jonathan Vivacqua, Sislej Xhafa. I curatori: Viola Emaldi, Guido Molinari, Daniela Lotta, Marco Tagliafierro.

44. Eva Marisaldi, *Pixeland*, 2002, MAXXI-Museo nazionale delle arti del XXI secolo, Roma.

45. Elisabetta Modena, *Eva Marisaldi, Dopolavoro. Frammenti di realtà al Premio Suzzara (1948-2013)*, in «Ricerche di S/Confine», 7 (2016), n. 1, pp. 110-130. Di questo ambito fanno parte altri lavori come *Parties* I, II, III (2004-2006) e *Birthday (party)*, 2008.

di Lourdes all'interno della quale è inserito un dispositivo elettrico di termostatazione che le conferisce la temperatura di 37°, quella media del corpo umano. L'opera nasce da una precedente commissione per la Nuova Chiesa sussidiaria della parrocchia di Trezzano sul Naviglio. Racconta Garutti:

> Mi sono chiesto cosa potessi fare dopo che per secoli gli artisti hanno affrontato questo soggetto. Certo non volevo sorprendere il fedele con forme o rappresentazioni allarmanti, così ho scelto, a partire da uno stampo preesistente, una statua classica della Madonna, un ready made, che appartiene all'immaginario popolare. Ho voluto poi riportare il lavoro ad un linguaggio più contemporaneo: se la tocchi è tiepida. Emana un tepore che rassicura il fedele. All'interno dell'impianto scultoreo vi è infatti un sistema di riscaldamento elettrico che permette alla ceramica di raggiungere la temperatura di 37° e rimanda all'idea di accoglienza e calore materno. Credo che oggi ci sia un bisogno latente di spiritualità, in senso più ampio. Tutto ciò non può essere ignorato dall'arte, che è anzitutto impegno su un piano esistenziale.[46]

L'anno successivo, l'artista invitato è Luca Trevisani. Quest'ultimo si dice interessato alla ceramica non come materiale quanto piuttosto come

> una via per usare la materia, intesa come giacimento di storie, sedimentazione di esperienze millenarie, di una tradizione comunitaria da sviluppare e abitare. Non si tratta di costruire simboli vuoti, ma di fornire esempi, oggetti in cui si coagulino saperi e storie condivise, in cui le conoscenze materiali sedimentatesi nel tempo vengano fatte vibrare, risonare, come per mettere in movimento elementi condivisi, per potersi identificare in un terreno comune. La ceramica è terra cotta, acqua aria terra fuoco sono elementi, forze, presenza culturali non da illustrare, ma da mettere al lavoro, a servizio di un disegno spaziale, di un gesto emotivo, di una coreografia liturgica viva e in divenire.[47]

Da questa concezione deriva il rapporto con le tradizioni artigianali:

> Lavorare con tradizione antichissime è un modo sano, pragmatico e concreto per mettere in discussione la convinzione che nei bisogni dell'uomo esista un progresso, che il futuro risolva le nostre contraddizioni una volta per tutte. Il sapere materiale è ciò che ci rende uomini, la nostra è una guerra d'unghie, come ben diceva il poeta Giorgio Caproni.[48]

In occasione della residenza, Trevisani realizza *Il silenzio del capo* (Fig. 11): una serie di cappelli maschili sono infilati orizzontalmente l'uno dentro l'altro, a costituire una sorta di colonna. L'opera è per l'autore una «condensazione onirica di un'immagine». Il berretto è «architettura minima, provvede all'ombra, alla protezione del capo, là dove siamo convinti risieda la nostra identità. Mi piaceva farne una colonna, un insieme, una fusione: è la conquista di un simbolo tramite la sua metamorfosi, la libertà di essere dominati dagli oggetti».[49]

46. Alberto Garutti, in Guido Molinari, *Intervista a Alberto Garutti*, in «Flash Art», 269 (2008).
47. Intervista con l'artista, 18 maggio 2020.
48. *Ibidem*.
49. *Ibidem*.

Alla tradizione faentina è legato anche il lavoro di Flavio Favelli. L'artista afferma di aver sempre guardato alla ceramica «come un materiale "alto", nobile e quindi "borghese"»[50], espressione degli ideali in cui è vissuto dall'infanzia. Nelle case da lui abitate la ceramica aveva due usi, come racconta:

> "per bellezza", era abitudine comprare qualcosa dopo un viaggio come Vietri, Caltagirone e metterlo come soprammobile, oppure per uso cerimoniale includendo non solo i pranzi e le cene importanti, Natale e Pasqua, ma anche le domeniche e in fondo tutti i santi giorni: a casa della mia nonna materna i piatti Ginori dipinti si usavano tutti i giorni, così come le alzatine per la frutta e il vaso della Amarena Fabbri firmato sotto Deruta pieno di frutti sciroppati. Questa idea della cerimonia, cioè di dare un aspetto in qualche modo importante alla casa e al vivere di tutti i giorni, l'ho vissuta come una faccenda ambigua, una specie di bella facciata per evitare anche di guardare ad altro. In fondo credo che sia proprio uno dei compiti dell'artista "moderno", inteso come contemporaneo, quello di dare un diverso punto di vista, discutere quindi delle forme e degli oggetti, delle cose e dei loro significati.[51]

L'uso della ceramica nel lavoro di Favelli interessa oggetti preesistenti che l'autore definisce «emblematici», su cui interviene attraverso tagli e assemblaggi. Tale è appunto il vaso delle amarene Fabbri, elemento costitutivo della scultura *China Blue* (Fig. 12): una serie di questi vasi, tagliati nella parte superiore in maniera da eliminare il marchio di fabbrica, è impilato l'uno sull'altro a formare una colonna di ritmo brancusiano, che termina superiormente con un vecchio barattolo in latta della stessa ditta. I vasi che compongono la scultura, di varie epoche e provenienza (Deruta e Faenza), sono dipinti a mano con un decoro di matrice orientale – proveniente dalle Indie Orientali ma probabilmente originario della Cina – di proprietà della Bottega Gatti di Faenza. Questo elemento ha un significato autobiografico, come racconta Favelli:

> un vaso delle Amarene Fabbri in casa non mancava mai e questo disegno esotico, orientale e coloniale mi ha sempre accompagnato. Direi che rappresenta bene la nostra storia di Occidente che la bottega prese e usò "per bellezza" per metterci una frutta sciroppata con una lavorazione industriale. Ma al di là del significato, la colonna formalmente ha un qualcosa di "spirituale", quasi liturgico, una specie di cippo, da collocare, senza ombra di dubbio, nella categoria dell'opera d'arte "moderna".[52]

Per Favelli l'artista contemporaneo è «figlio di una cesura col passato» e in quanto tale deve «mantenere questa tradizione di cesura, di stacco, di differenza».[53] Arte e artigianato sono a suo avviso opposti e l'unico rapporto ritenuto possibile con il mondo artigiano è quello della committenza.

50. Intervista con l'artista, 20 aprile 2020.
51. *Ibidem*.
52. *Ibidem*.
53. *Ibidem*.

6. *Castellamonte (TO)*

Castellamonte (TO) costituisce soltanto una fra le tappe dell'itinerario ceramico percorso da Salvatore Arancio, che negli ultimi anni ha offerto uno dei maggiori contributi al revival ceramico a livello internazionale. L'artista ha infatti avuto modo di lavorare in alcuni dei principali centri di produzione italiani, fra cui Faenza, Montelupo Fiorentino, Albisola. Arancio approda alla ceramica da una formazione in campo fotografico, in seguito alla quale avverte la mancanza di un rapporto fisico con la materia. La prima occasione di lavorare con questa tecnica risale all'invito al programma di residenze da parte del Museo Carlo Zauli di Faenza. Il materiale è riconosciuto come consonante al proprio lavoro, che s'interroga su temi come il paesaggio e la natura, in virtù della connessione tra forma e contenuto: «Usare un materiale che deriva dalla natura per rappresentare la natura»,[54] come riassume. La ceramica, con la sua componente di piacere legata alla manipolazione della materia, è inoltre considerata «un momento di libertà» dalle restrizioni della pratica fotografica, all'epoca dominata dall'approccio tecnico di scuola tedesca. Arancio predilige un utilizzo non canonico del medium, teso a superare le limitazioni tecniche che esistono anche in questo campo, secondo una maniera che definisce «primitiva»: questa materia è per lui legata infatti al subconscio, a un rapporto fisico non privo di una dimensione scatologica. Con la pratica, Arancio si rende tuttavia conto che ceramica e fotografia presentano legami insospettabili: in primo luogo per via della dimensione temporale, in quanto entrambi lavorano su un arresto del tempo; inoltre, per l'aspetto alchemico che accomuna sviluppo fotografico e cottura, cui è legata anche una componente d'imprevedibilità. Questa caratteristica è appunto accolta dall'artista, che dichiara di amare la ceramica anche per il suo essere senza tempo, presente dagli inizi dell'espressione umana, sempre uguale e allo stesso tempo sempre diversa.

Il ciclo di sculture esposte a *La forma della terra – And These Crystals Are Just Like Globes of Light* (Fig. 13) – nasce per una mostra a Winterthur e Torino, in occasione della quale Arancio viene messo in contatto con un'industria ceramica di Castellamonte che si dimostra aperta alla sperimentazione. Nella consuetudine con la tradizione artigianale, la scelta dell'artista s'indirizza nei confronti di contesti di specializzazione tecnica: più che impadronirsi di una determinata tecnica, il suo tentativo è di reinventarla, mettendola in connessione con il proprio bagaglio. Il dialogo con gli artigiani diventa quindi occasione di apprendimento reciproco.

And These Crystals Are Just Like Globes of Light nasce dal proposito iniziale di realizzare un video della Grotta dei Cristalli di Naica in Messico. Scoperta nel 2002 sotto una miniera d'argento, la caverna è nota per i cristalli di selenite di dimensioni imponenti. Il progetto resta irrealizzato per difficoltà tecniche ma il sito continua a essere oggetto di studio da parte dell'autore. Fra gli elementi che attirano maggiormente il suo interesse è la prefigurazione che Jules Verne sembra

54. Intervista con l'artista, 23 giugno 2020.

fare della caverna in un brano del suo *Viaggio al centro della Terra*. Il processo immaginativo indirizza l'artista a fare altrettanto: le sculture compongono così un «paesaggio immaginifico» della caverna mai visitata fisicamente. Tutto il suo lavoro in ceramica, racconta Arancio, prende avvio da un'immagine – sia riprodotta sia vista fisicamente – che attraverso il filtro dal proprio subconscio o dei suoi vari interessi trova una traduzione attraverso la tecnica. L'argilla è un materiale che l'artista sente «vivo», con cui è necessario combattere in direzione della propria idea, spesso spingendolo ai limiti estremi delle sue possibilità tecniche.

7. *Milano*

Pur se non abitualmente inclusa nella mappatura della ceramica italiana, Milano ospita una secolare tradizione legata alla lavorazione della terracotta. Fra i luoghi più antichi tuttora in attività, la Fornace Curti inizia la sua storia al principio del XV secolo proseguendo fino alla contemporaneità. È qui che è avvenuta la produzione delle opere di Stefano Arienti.

Il primo contatto di Arienti con questa materia risale al 1988 e interessa inizialmente l'argilla cruda. L'incontro – ricorda l'artista – è stato fortuito:

> invitato nella casa di campagna di un collezionista piemontese, ho trovato formelle fresche di argilla su cui gli ospiti potevano pasticciare. Ho provato allora a trasferire con una punta il soggetto di una pagina pubblicitaria da una rivista, traforando la carta poggiata sull'argilla. Nello stesso anno una grossa formella di argilla cruda traforata si crettava sul pavimento dello Studio Guenzani durante la mostra collettiva *Soggetti* con Dellavedova, Martegani, Mazzucconi e Kaufmann. Il soggetto era un poster con l'immagine di un leone.[55]

La prima opera propriamente in terracotta nasce su committenza, in occasione dell'invito ricevuto nel 1989 da parte del FRAC Pays de la Loire per una residenza d'artista. La scelta della terracotta era legata allo scopo di realizzare un'opera da esterno. Racconta l'artista:

> Mi arrivarono quattro tonnellate di mattoni crudi e passai un mese con un ago da materassaio legato alle dita a traforare due cataste di mattoni che traducono testi e immagini di due libri di divulgazione sul disegno italiano del Rinascimento: *I disegni dei maestri* e *Michelangelo Drawings*.[56]

Quest'attività meccanica e ripetitiva era intesa dall'autore come una maniera di imparare dagli artisti del passato, fino all'Arte povera. La terracotta entra così nel catalogo di materiali impiegati da Arienti nella sua investigazione sullo statuto dell'immagine. L'argilla è per l'artista «materiale quasi industrializzato, come i mattoni, che diventa foglio da disegno di immagini trovate su libri e riviste».[57]

55. Intervista con l'artista, 29 maggio 2020.
56. *Ibidem*.
57. *Ibidem*.

Questo «spunto lontano» viene ripreso nel 2013 in un nuovo ciclo di traforature su carta e terracotta. Da questo nucleo di lavori provengono le opere esposte (Fig. 14), i cui soggetti sono tratti da poster turistici (*Colmar*) e di soggetto artistico e architettonico (*Notre Dame*, da Le Corbusier; *Testa d'uomo*, da un disegno di Andrea del Sarto).

In molteplici occasioni Arienti è stato chiamato a confrontarsi con tecniche artigianali legate a tradizioni locali. In queste occasioni, afferma

> ogni artista può trovare il progetto giusto per ogni possibilità realizzativa artigianale disponibile e viceversa. È una giustezza che va cercata e non si trova subito. L'artista deve familiarizzarsi con la materia, i suoi limiti, i suoi interpreti artigiani, e solo col dialogo si arriva a quell'affinamento che permette di scegliere la tecnica realizzativa adatta per un progetto artistico che evolve sempre. In questo senso i territori italiani sono straordinari, perché hanno il doppio vantaggio di coniugare tradizione e innovazione tecnologica, offrendo un ventaglio di opzioni per la progettazione che è il più ampio possibile.[58]

8. *Pesaro*

La zona delle alte Marche intorno al corso del Metauro allinea una serie di centri ceramici di antica tradizione: Urbino, Urbania (antica Casteldurante), per arrivare a Pesaro. È in questo territorio che si svolge il lavoro di Giovanni Termini.

Per Termini il ragionamento non avviene mai in funzione del materiale, che piuttosto è conseguenza dell'idea progettuale. Nel suo vocabolario scultoreo non esiste una gerarchia dei materiali, bensì «l'idea è già materiale» che «non lascia alternative»; a dettare la scelta non sono quindi le «qualità estetiche o potenzialità costruttive».[59] Recentemente l'artista ha avuto modo di realizzare il desiderio, avvertito da tempo, di visitare un'azienda di laterizi. L'esperienza, ricorda Termini, è avvenuta «con le stesse motivazioni che si hanno quando si visita in un museo».[60] All'interno di un enorme hangar colmo di terra cruda, resta impressionato dal processo di trasformazione della materia e allo stesso tempo dalla finalità della produzione, che interessa «tutto quello che poteva servire all'uomo per poter costruire il proprio luogo o spazio vitale». La scelta si orienta verso la filiera produttiva dedicata alle soglie: l'artista sceglie un pezzo fuori misura, che gli operai sottraggono manualmente alla catena. Dopo l'asciugatura e la cottura, l'elemento diventa il centro dell'opera *Esercizi di rottura* (2017): frantumato in più punti, è adagiato a terra su un materassino da palestra, metafora di una corporeità frammentata.

Nella convinzione che l'arte sia governata da una circolarità temporale, Termini esprime la convinzione che essa «non solo si possa lasciare ispirare da tec-

58. *Ibidem*.
59. Intervista con l'artista, 23 marzo 2020.
60. *Ibidem*.

niche passate ma lo deve necessariamente fare».[61] L'artigianalità diventa spesso motivo generativo per l'arte, compresa la propria che si basa su un fare in cui non esistono confini. Per l'artista è fondamentale il rapporto instaurato nel tempo con le persone che spesso contribuiscono alla realizzazione dei suoi progetti. La differenziazione geografica che interessa i processi produttivi è a suo avviso espressione de «l'enorme molteplicità culturale quindi la vera ricchezza che possiede ogni territorio».[62]

9. *Nove (VI)*

Fra le prime manifatture di porcellana in Italia, già attiva alla metà del Settecento, Nove (VI) è uno dei siti che compongono la personale geografia della ceramica di Matteo Nasini. Come spesso riscontrato, il primo contatto dell'artista con il medium avviene in occasione di una residenza nel 2015, inaugurando una pratica successivamente sviluppata in diversi centri di produzione in Italia. La sperimentazione tecnica che caratterizza la storia del paese vicentino si rivela determinante per la realizzazione della serie *Dream Portrait* (di cui sono esposti alcuni esemplari), nella quale processi di stampa 3D sono applicati alla porcellana. L'«innovazione tecnologica» è in effetti, insieme alla «pratica manuale»,[63] l'aspetto che guida in particolare l'approccio alla ceramica di Nasini. Il ciclo scultoreo origina nell'ambito di una ricerca sul sonno e il sogno, che rivela la dimensione sinestetica al centro del lavoro di Nasini, formatosi come musicista. Nei diversi esiti di questo progetto, gli stati di alterazione di coscienza del sonno sono tradotti a livello acustico e scultoreo: attraverso un software di conversione, generano composizioni musicali (*Sparkling Matter*, 2016) e le forme di una serie di vasi (*Dream Portrait*, dal 2016). In quest'ultimo caso, i modelli astratti prodotti dal movimento delle onde cerebrali – misurati da encefalogrammi delle fasi R.E.M. – sono applicati a un solido preesistente e modellato attraverso una stampante 3D, che l'artista ha occasione di sperimentare nella fase di prototipazione. Il processo – secondo l'autore – «parte da un evento organico, il sogno, che per concretizzarsi nella materia ha bisogno della tecnologia, del digitale».[64] La scelta della ceramica è dettata dal desiderio di «far tornare il processo in una materia organica, [...] far coesistere due identità in un soggetto ibrido». Anche il colore bianco fa riferimento al «mistero che avvolge i differenti stati di coscienza durante il sonno».[65]

61. *Ibidem*.
62. *Ibidem*.
63. Matteo Nasini, in Irene Biolchini, *Gli artisti e la ceramica. Intervista a Matteo Nasini*, in «Artribune», 12 gennaio 2020, https://www.artribune.com/professioni-e-professionisti/who-is-who/2020/01/intervista-ceramica-matteo-nasini/.
64. *Ibidem*.
65. *Ibidem*.

10. *Roma*

Roma è il teatro dell'avventura creativa di Emiliano Maggi, che ha fatto della ceramica uno dei propri media di elezione. L'artista descrive il proprio rapporto con questa tecnica come «fisico, morboso»: in questa «massa morbida, imprimibile e malleabile, che si fa piegare, bucare, graffiare con le unghie e violentare con i gomiti»,[66] riconosce il materiale più diretto nell'ambito della sua pratica; la forza dello scolpire è paragonata a quella di un orgasmo fisico. Il primo approccio con la ceramica risale all'infanzia, quando assiste alla creazione di maschere a opera dello zio e quindi, seppure in maniera non approfondita, al liceo artistico. Dopo un momento di distacco segnato dalla pittura, il ritorno a questa pratica avviene durante una residenza al Mona – Museum of Old and New Art – in Tasmania, in occasione della quale ha modo di lavorare accanto ad alcuni maestri del luogo. Del medium, Maggi apprezza la possibilità di «plasmare il tuo pensiero», la «sfida nel fare qualcosa di nuovo ma con tecniche antiche, creando delle opere vive». Il rapporto con la tradizione è letto in termini quasi antagonistici, come «lotta e sfida» dettata dallo «scontro con la consapevolezza storica e l'antica tradizione»; allo stesso tempo, da questa tensione deriva anche «piacere e il godimento di poter trarne nuove forme e sculture».[67]

Le opere esposte in questa occasione (Fig. 15) appartengono a un più ampio insieme – realizzato nel 2019 a Roma[68] – che s'interroga sulla corporeità, in relazione all'abbigliamento inteso come *habitus* e "costume": Maggi si dice guidato dalla ricerca di un'essenza individuale autentica, opposta a «una globalizzazione e scomparsa dell'individuo, del suo carattere e personaggio». In quel nucleo spiccavano una serie di frammenti anatomici (braccia), capi d'abbigliamento e accessori (stivali e guanti) che «riprendono gesti e vesti di alcuni periodi storici, segnano le epoche».[69]

66. Intervista con l'artista, 26 maggio 2020.

67. *Ibidem*.

68. Le opere sono state esposte in occasione della mostra *The Club*, a cura di Raffaella Frascarelli, Nomas Foundation, Roma, 16 aprile - 20 settembre 2019.

69. Intervista con l'artista, 26 maggio 2020.

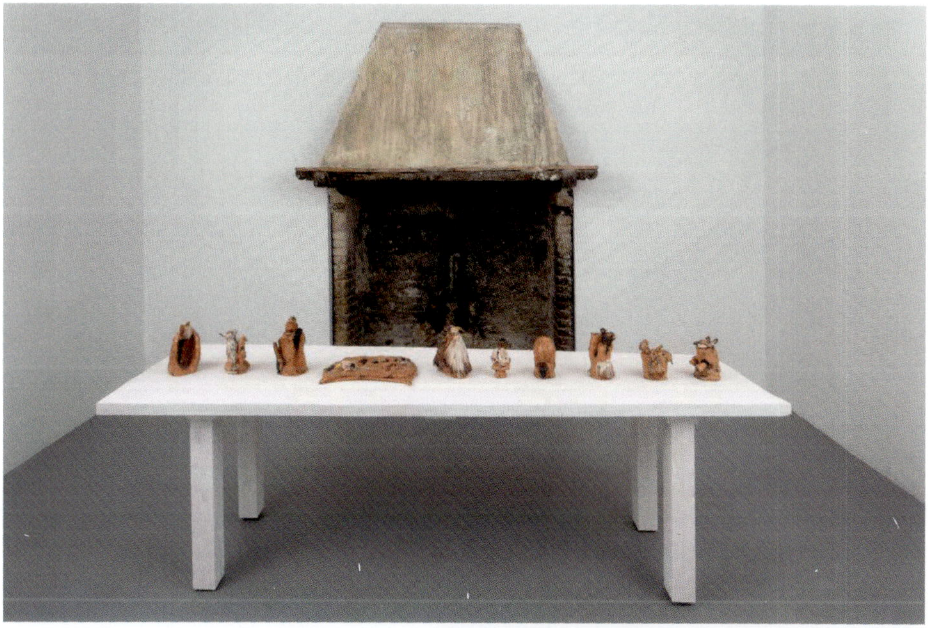

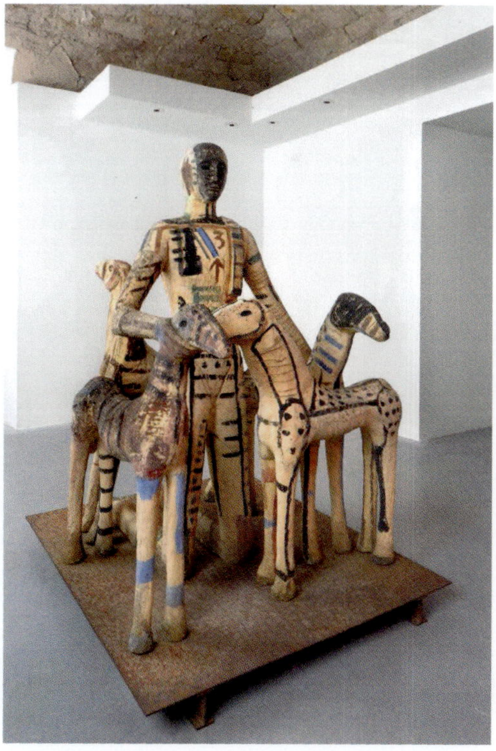

Fig. 1. Enzo Cucchi, da sinistra: *Senza titolo*, 2015, ceramica vetrificata, 23 x 12 x 12 cm; *Senza titolo*, 2015, ceramica vetrificata, 21x15x12 cm; *Senza titolo*, 2015, ceramica vetrificata, 26 x 18 x 15 cm; *Senza titolo*, 2015, ceramica vetrificata, 8 x 37 x 39 cm; *Senza titolo*, 2015, ceramica vetrificata, 23 x 16 x 18 cm; *Senza titolo*, 2015, ceramica vetrificata, 13 x 10 x 10 cm; *Senza titolo*, 2015, ceramica vetrificata, 17 x 15 x 7 cm; *Senza titolo*, 2015, ceramica vetrificata, 22 x 13 x 10 cm; *Senza titolo*, 2015, ceramica vetrificata, 16 x 12 x 10 cm; *Senza titolo*, 2015, ceramica vetrificata, 18 x 13 x 12 cm. Courtesy Galleria Giustini Stagetti, Roma.

Fig. 2. Mimmo Paladino, *Assediato*, 1999, terracotta dipinta e base in acciaio corten. Collezione dell'artista.

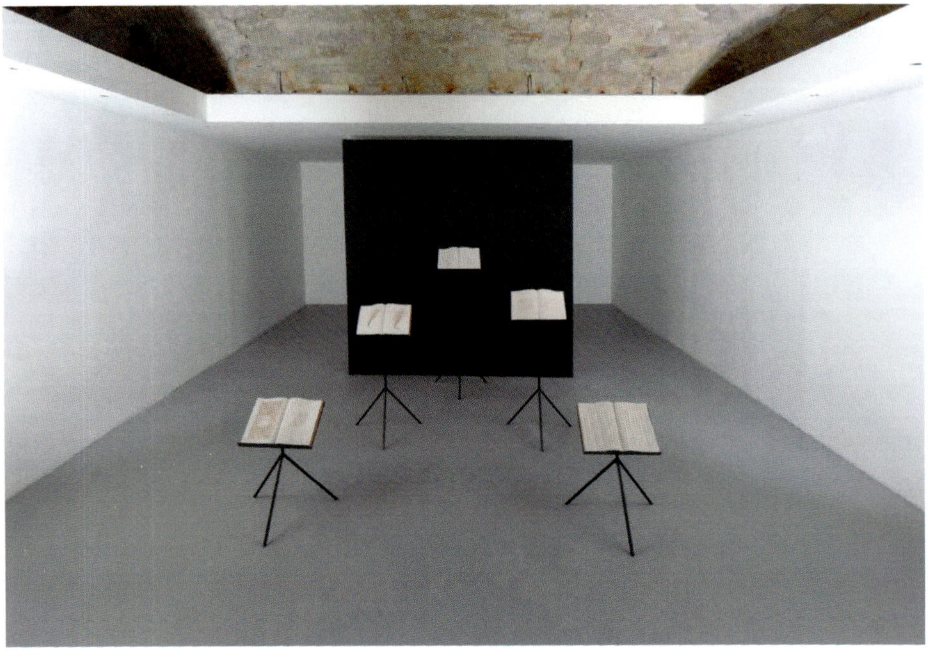

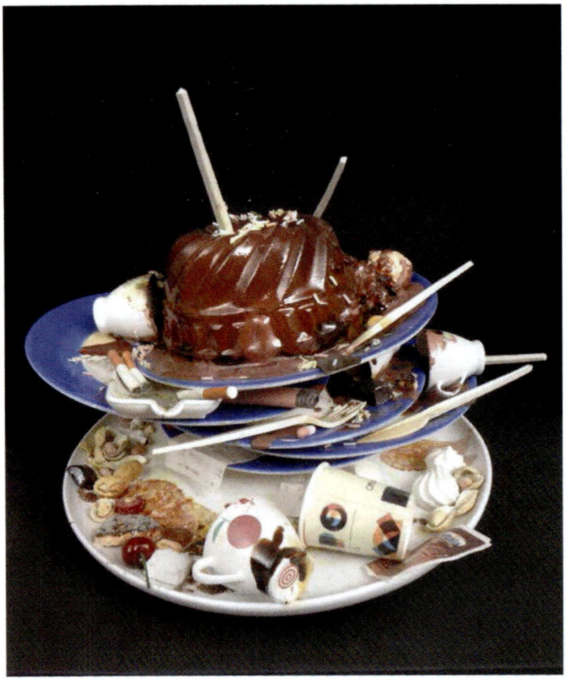

Fig. 3. Ugo La Pietra, *Libri aperti*, 2004-2006, ceramica ingobbiata e incisa a mano dall'autore. Courtesy Archivio Ugo La Pietra, Milano.
Fig. 4. Bertozzi & Casoni, *Quel che resta*, 2018, ceramica policroma, 31 x 42 x 34,5 cm. Courtesy degli artisti.

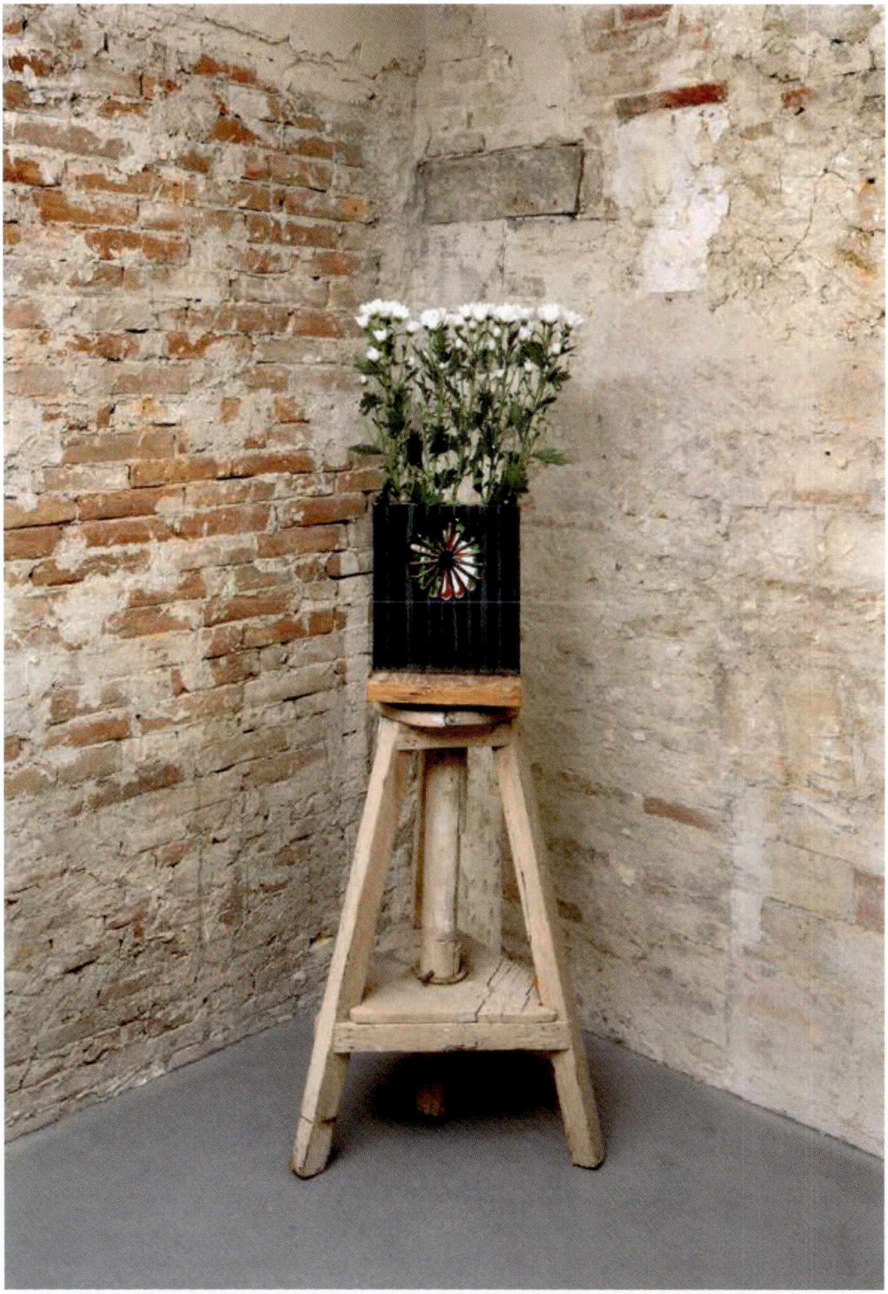

Fig. 5. Luca Vitone, *Eppur si muove*, vaso, 2009, terracotta bianca, smalti, 36 x 31 x 7 cm. Courtesy dell'artista e Pinksummer, Genova.

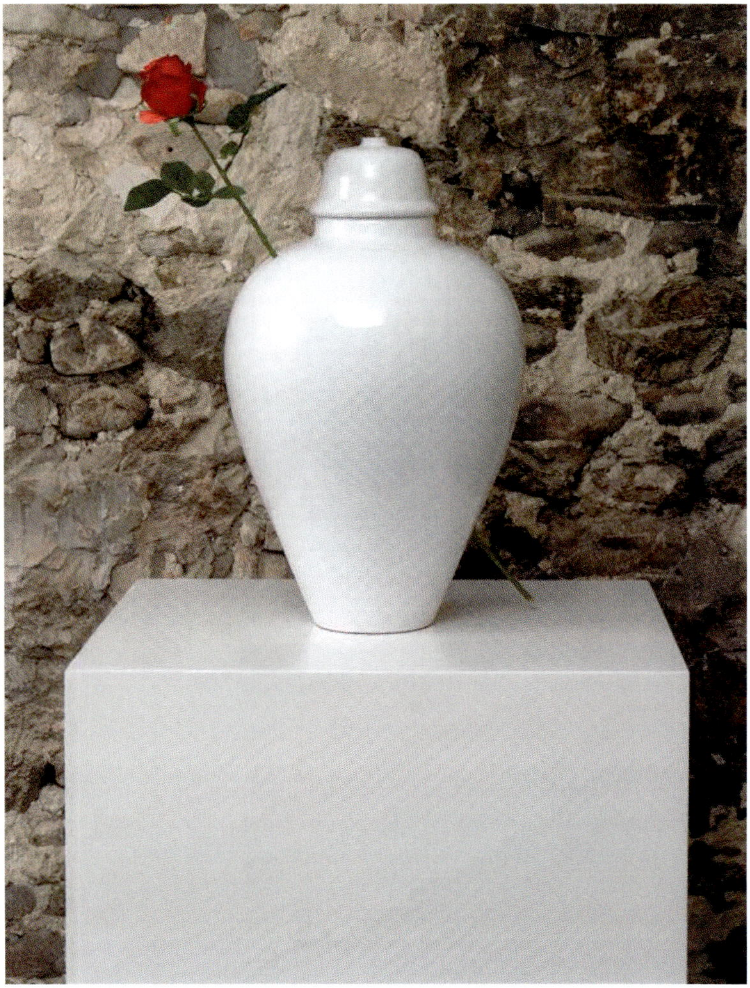

Fig. 6. Vedovamazzei, *Reset*, 2010, terracotta, smalti, 48 x 30 x 30 cm. Collezione Museo della ceramica, Savona. Courtesy Fondazione Agostino De Mari.

Fig. 7. Enrico Castellani, *Senza titolo*, 1981-2002, forma in bassorilievo ottenuta con impasto sciamottato stampato a collaggio, smaltato in bianco, diametro 37,5 x altezza complessiva 3,5 cm; *Senza titolo*, 1981-2002, forma in bassorilievo ottenuta conimpasto sciamottato stampato a collaggio, smaltato in bianco, diametro 36,9 x altezza complessiva 2,5 cm; *Senza titolo*, 1981-2002, forma in bassorilievo ottenuta con impasto sciamottato stampato a collaggio, smaltato in bianco, diametro 37,5 x altezza complessiva 3,3 cm. Collezione privata, Perugia.
Fig. 8. Mario Airò, Modellare l'acqua, 2019-2020, ceramica, ferro, acqua, impianto idraulico, dimensioni ambientali. Faenza, Museo internazionale delle ceramiche.

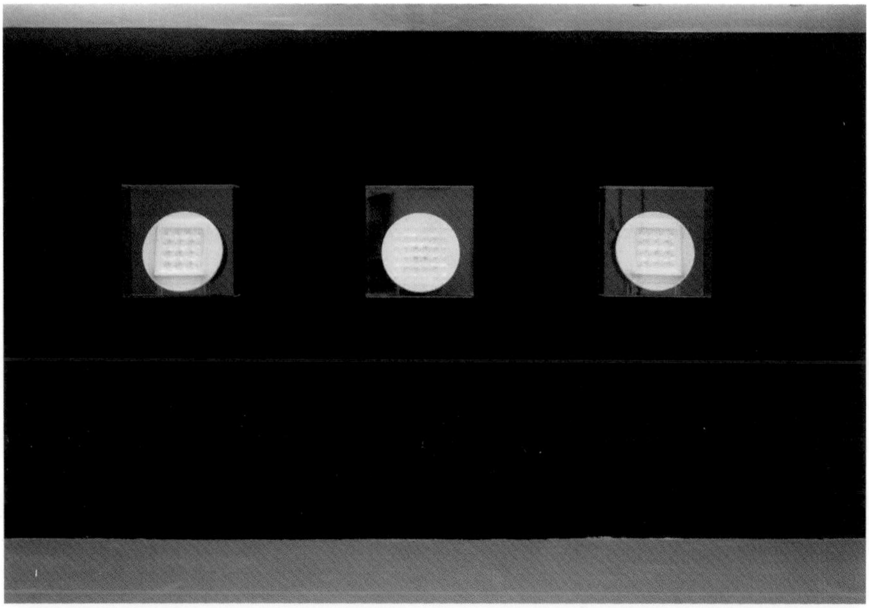

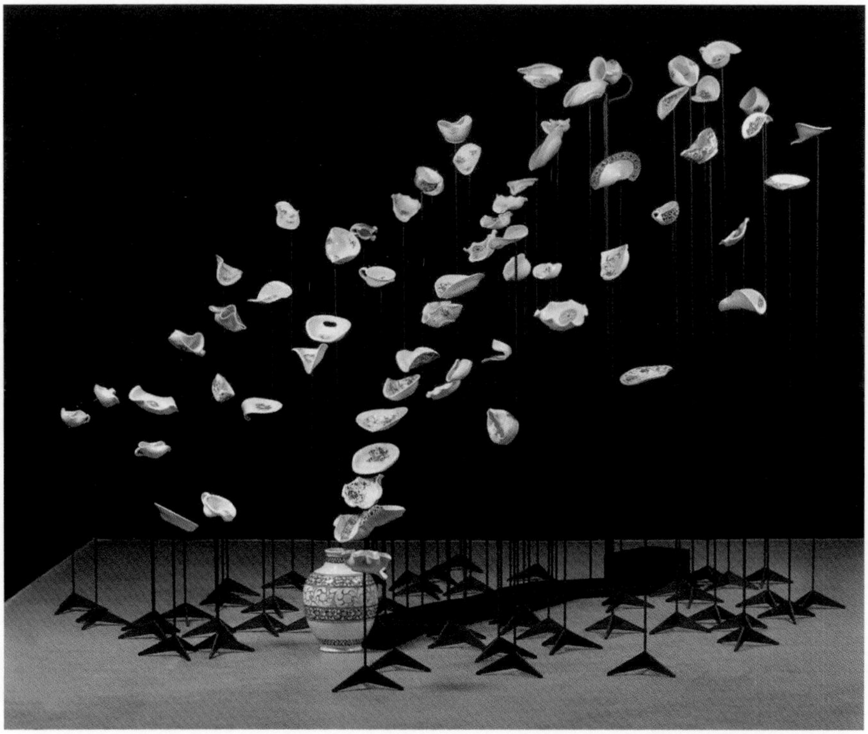

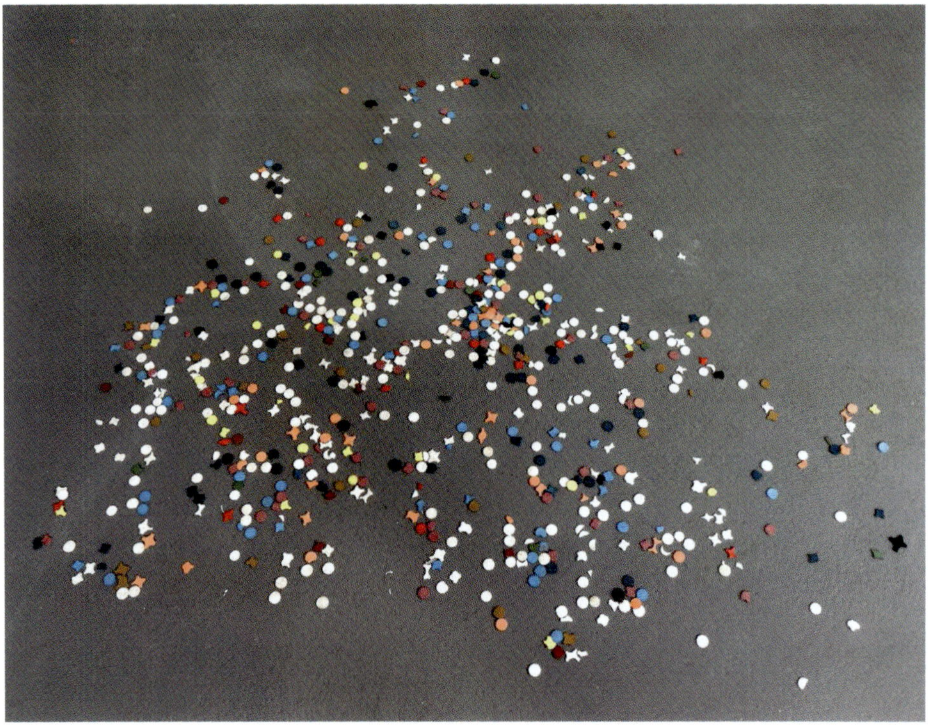

Fig. 9. Eva Marisaldi, *Pixelandia*, 2005, porcellana, pigmenti, dimensioni variabili. Collezione Museo Carlo Zauli, Faenza.

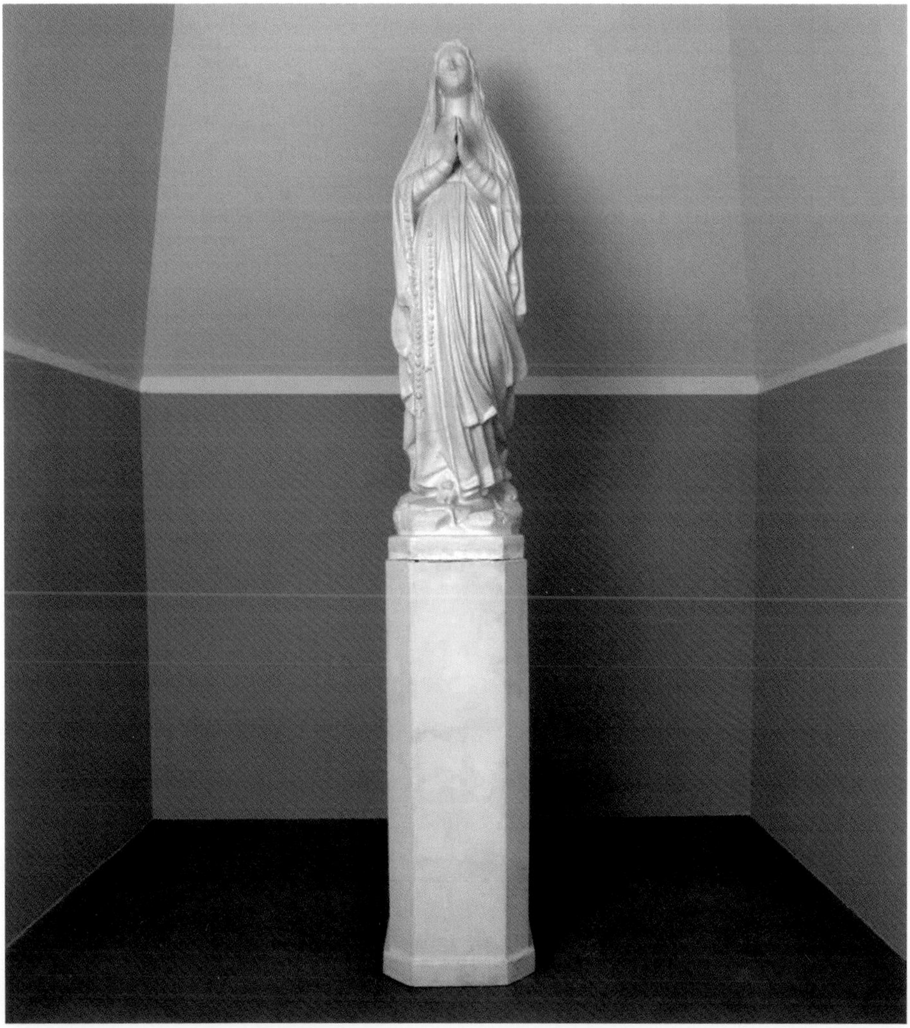

Fig. 10. Alberto Garutti, *Madonna*, 2008, ceramica, resistenza elettrica, termostato, filo elettrico. 178 x 55 x 55 cm. Collezione Museo Carlo Zauli, Faenza.

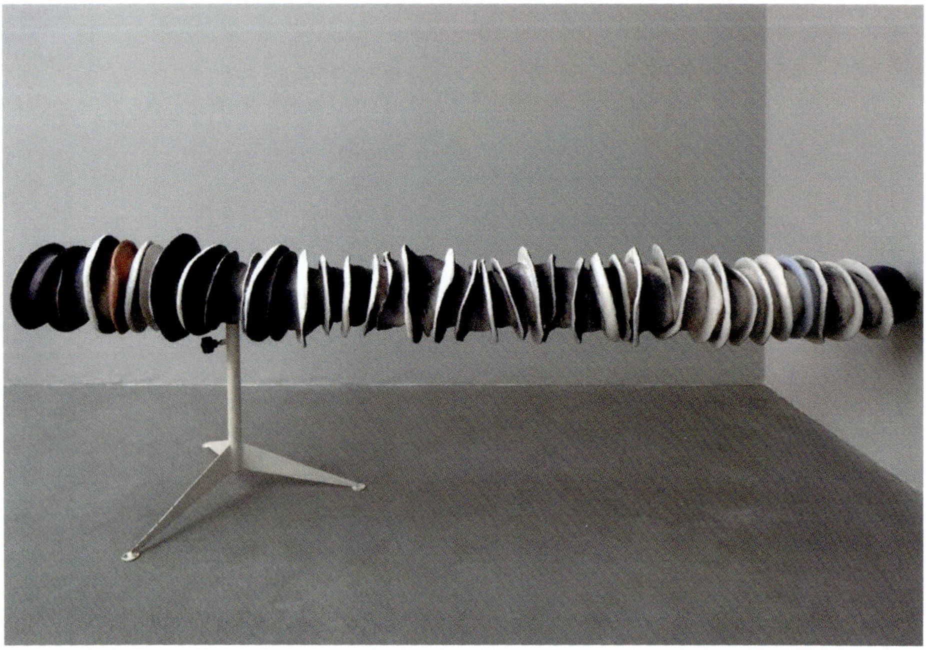

Fig. 11. Luca Trevisani, *Il silenzio del capo*, 2009, ceramica smaltata, vernice nitro, metallo, 60 x 30 x 330 cm. Courtesy dell'artista e Pinksummer, Genova.

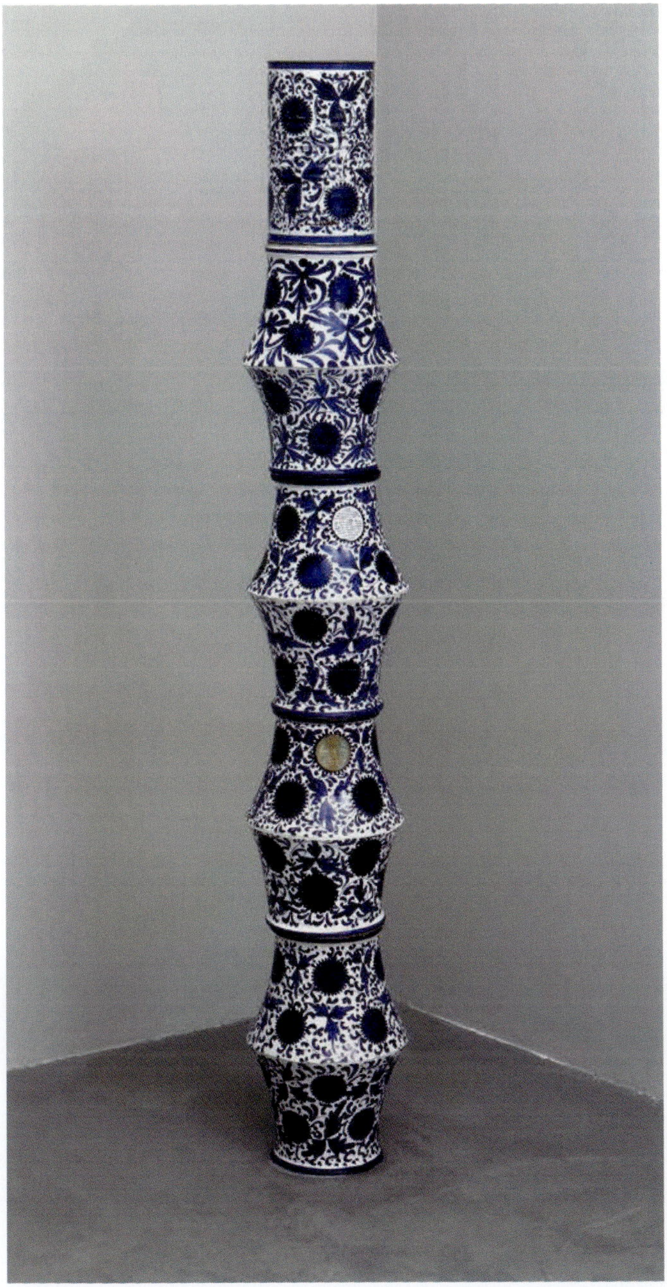

Fig. 12. Flavio Favelli, *China Blue*, 2012, assemblaggio di vasi di ceramica e lattina, 165 x 24 x 24 cm. Courtesy dell'artista.

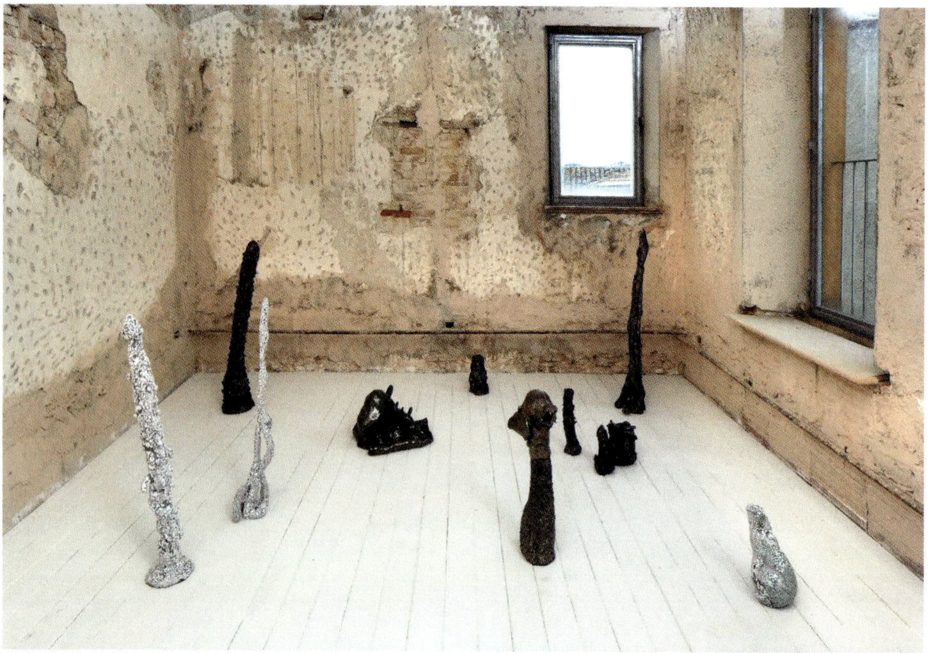

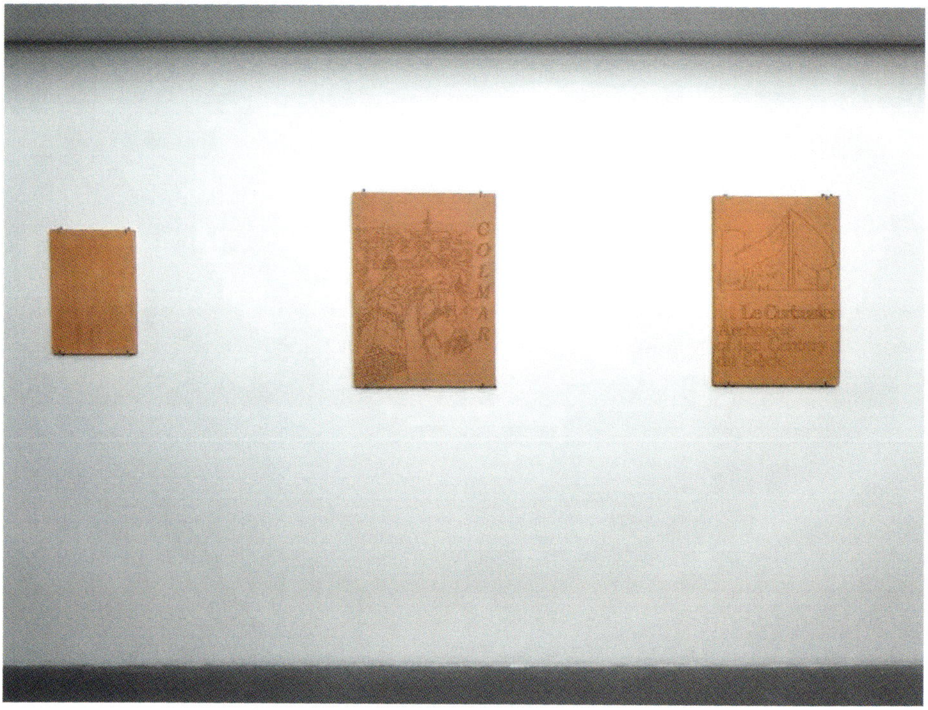
COLMAR

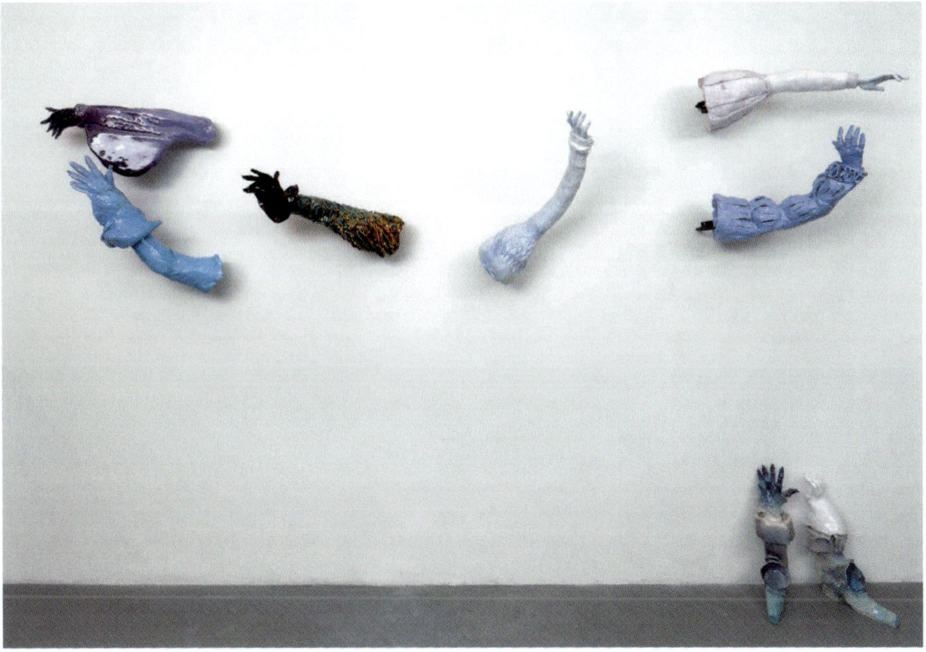

Fig. 13. Salvatore Arancio, *And These Crystals Are Just like Globes of Light*, 2016, ceramica smaltata, dimensioni variabili. Courtesy Schiavo Zoppelli Gallery, Milano.
Fig. 14. Stefano Arienti, da sinistra: *Testa d'uomo* (da Andrea del Sarto), 2013, terracotta, 37 x 42 cm; *Colmar*, 2013, terracotta, 74 x 54,8 cm; *Notre Dame*, 2013, terracotta, 71,2 x 48,5 cm. Courtesy dell'artista e Studio Guenzani, Milano.

Fig. 15. Emiliano Maggi, *The Club*, 2019, ceramica smaltata, dimensioni variabili. Courtesy Operativa, Roma.

Viola Emaldi

Il caso Andrea Salvatori

I critici la chiamavano ceramica, io la chiamavo scultura
Lucio Fontana

L'uso della ceramica da parte di artisti visivi nel corso del Novecento inizia con il noto orinatoio in ceramica di Marcel Duchamp, che scuote le coscienze non solo per l'innovativo concetto di *ready-made* che liberava l'artista da ogni vincolo autoriale, ma anche per l'idea che materiali inconsueti potessero essere presi in considerazione per diventare arte contemporanea, emancipandosi da un ruolo oggettuale. Dalle avanguardie storiche, passando per le neoavanguardie, molte saranno le opere che vanno oltre il concetto di arte applicata per entrare in quello di arte contemporanea, sfruttando le potenzialità formali e concettuali della ceramica, fino ad arrivare al momento che segna una sorta di emancipazione della ceramica in arte contemporanea con l'assegnazione del prestigioso *Turner Prize* all'artista Grayson Perry nel 2003.

Da qui in poi, l'uso della ceramica si è ampiamente diffuso e stabilizzato come materiale dell'arte contemporanea.

Riteniamo importante per questo prendere in esame il caso Andrea Salvatori come esempio in Italia di artista visivo che opera utilizzando unicamente il medium ceramico, riuscendo a trovare un equilibrio tra la gestione operativa di un materiale tecnicamente difficile e capacità di "distanziarsi" da esso grazie a una solida poetica. La difficoltà per uno scultore di impiegare personalmente il medium ceramico, infatti, sta nell'imprescindibilità della conoscenza tecnico-artigianale unita a una spiccata sensibilità per sostenere la creatività liberandola dai problemi insiti in un materiale così complesso.

Andrea Salvatori (Faenza, 1975) nasce nella terra della maiolica, un materiale che inizia a conoscere presto – si diploma all'Istituto statale d'arte per la ceramica "Gaetano Ballardini" di Faenza, oggi Liceo artistico indirizzo Design ceramico – ancor prima di intraprendere gli studi di scultura a Bologna. Durante gli anni accademici, poi, frequenta assiduamente il laboratorio di Bertozzi & Casoni, apprendendo tecniche e conoscenze che si riveleranno fondamentali per lo sviluppo della sua pratica artistica. La sua è una ricerca che non prescinde mai dal recupero dell'oggetto e che si fonda su un approccio da colto collezionista.

Nel corso degli anni, infatti, l'artista ha accumulato nel suo studio di Solarolo, nella campagna faentina, una miriade di oggetti decorativi e oggetti d'arte applicata in ceramica (statuine e ninnoli simbolici, elementi per la casa come vasi, ciotole e servizi da tè, caffè e tanto altro) scovati per passione, intelligenza e capacità contrattuale presso mercati antiquari e mercatini.

Le sue opere nascono spesso prendendo come punto di partenza proprio uno di questi oggetti, che viene successivamente rielaborato attraverso l'aggiunta di componenti che producono uno slittamento semantico straniante (Figg. 1-2).

Egli si esprime rispettando la natura dell'oggetto con cui lavora, riproducendo minuziosa- mente e con estrema perizia ogni dettaglio del pezzo originale. Una pratica che contempla poco il lavoro di modellato se non in sporadici interventi di complemento, basandosi esclusivamente sullo stampo, per produrre una perfetta copia in ceramica dell'oggetto reale. L'accurata padronanza delle tecniche artigianali produce un risultato ogni volta sorprendente. Per comprendere il lavoro di Andrea Salvatori bisogna fare un necessario riferimento ad alcune avanguardie come il Dada e la Pop Art, al concetto di *ready-made* e al ruolo che assumono gli oggetti quotidiani privi di qualsiasi pretesa artistica.

Nelle sue opere, infatti, viene ricreato un immaginario collettivo che appartiene ai nostri ricordi. Un universo di memorie gettate e dimenticate che una volta liberate dal loro contesto originario vengono assemblate con pezzi di nuova creazione e ricomposte in combinazioni ironiche e caustiche.

Immagini provocatorie, dal fascino estetico mai banale, che si prestano al gioco di una molteplicità trasformata e rivitalizzata, innescando uno slittamento tra realtà e finzione, un rapporto straniante con il reale, attraverso una grande quantità di mediazioni culturali. Il suo è anche un lavoro sulla monocromia, facendo un uso molto limitato del colore. Spesso prevale il bianco (Figg. 3-4), che ci riporta alle antiche ceramiche faentine. Negli ultimi anni questa componente ironica e provocatoria si è arrestata in favore di un immaginario poetico in cui compaiono espliciti riferimenti alla storia dell'arte e della cultura (Figg. 5-9, 14-15). Una produzione che si caratterizza per il frequente ricorso a forme geometriche pure, le quali si innestano su piccole figurine organiche e realistiche all'interno del microcosmo scultura. Una poetica meno narrativa e più sintetica, in cui cultura "bassa" e "alta" si mischiano senza soluzione di continuità.

La fattura ceramica è qui al servizio della poetica, del significato concettuale del lavoro e non dell'apparenza estetica, che è appunto semplicemente funzionale all'idea. Salvatori rappresenta dunque un *unicum* non solo per la qualità tecnica che contraddistingue il suo lavoro, ma soprattutto per la capacità di impostare un linguaggio che lo caratterizza, utilizzando codici figurativi personali. L'artista sceglie la ceramica come medium, poiché ritiene che si presti bene alle sue esigenze espressive. Una tecnica ideale per realizzare nuove visioni di realtà organica e inorganica, naturale e artificiale.

Il processo di riflessione insito nella sua poetica è quello di alterare o rovesciare la quotidiana e prevedibile funzione o conformazione di un manufatto in ceramica (vaso, tazza, statuina, busto, soprammobile), il che non significa necessariamente stravolgerne l'esito formale; si tratta più che altro di deviazioni che colpiscono tanto i soggetti quanto gli oggetti manipolati. È infatti tipico della filosofia post-moderna e post-reale (nella quale Salvatori ben si muove) provocare la relazione tra lo sguardo, l'immagine e l'oggetto: vertici di un triangolo semantico messo a dura prova dalla rivoluzione neo-tecnologica.[1]

Come già accennato, Andrea frequenta l'Istituto statale d'arte per la ceramica "Gaetano Ballardini" di Faenza. Si iscrive a tale scuola non tanto perché particolarmente interessato alla ceramica, quanto per il fatto che fin da giovanissimo era determinato a svolgere degli studi artistici. Sceglie poi l'Accademia di Belle Arti di Bologna, corso di scultura, come naturale proseguimento della sua vocazione. Il suo pensiero è votato alla scultura, non alla ceramica; tuttavia, è nella ceramica che lo scultore ritrova un medium d'espressione artistica ancora scevro da codificazioni e canoni culturali prestabiliti e lo elegge dunque scientemente a mezzo privilegiato per esprimere in maniera più libera la propria poetica.

Bisogna sottolineare inoltre come la Scuola per la ceramica in questione conservasse nel proprio DNA un approccio scultoreo: i docenti sono anche e soprattutto artisti, seguendo ancora quel "marchio di fabbrica" dato da un grande scultore quale fu Domenico Rambelli e dalla sua ricerca stilistica applicata alla ceramica nei primi decenni del Novecento. Da lui il testimone passò a un altro validissimo scultore, che ha tracciato il prolungamento del suo sguardo, Angelo Biancini, che insieme ad altri maestri forgiano gli interessi di Andrea Salvatori. L'artista coltiva una vocazione per la sperimentazione in campo scultoreo, vedendo nella ceramica una possibilità per una scultura di gusto pop, in dialogo con la grande tradizione dell'arte. Grazie alla scuola di ceramica, Salvatori viene a conoscenza della cosiddetta "cultura della modellazione": impara dunque, in una prima fase, a plasticare a mano, per poi specializzarsi anche nella plastica ottenuta per mezzo di stampi di modelli realizzati a mano o per mezzo di calchi. Andrea impiega entrambe le tecniche a seconda delle esigenze, per soggetti di piccole e grandi dimensioni, con lo stesso approccio plastico che già ebbero nel Rinascimento ceramisti scultori come i Della Robbia, che sull'onda di Donatello plasticavano a mano le loro sculture in maiolica.

La differenza sta nel fatto che, per esigenza di fedeltà e precisione, una volta plasmato il modello, Salvatori ne trae uno stampo che serve per ottenere una maggiore definizione dei dettagli. L'opera così esce dallo stampo e viene ulteriormente perfezionata in seguito a un ulteriore processo di rifinitura a mano. Egli quindi ricorre all'uso degli stampi per rendere più definito il modello.

Per la riproduzione di oggetti artificiali, presenti nei suoi lavori, ricorre al metodo dello stampo diretto. Attraverso questa tecnica laboriosa, si ottengono le forme, e a questo punto si passa alla decorazione che assume una veste spesso monocroma, brillante e vetrosa. Nel caso di Salvatori, le tecniche impiegate sono puramente funzionali alla sua esigenza espressiva. Attraverso questo tipo di approccio

1. Luca Bochicchio, *Gli specchi non riflettono abbastanza*, in «La Ceramica in Italia e nel mondo», 28 (2016), pp. 12-17.

plastico, l'artista ha creato nel tempo un archivio di modelli e di stampi, molti dei quali vengono utilizzati solo una volta, mentre altri vengono utilizzati più volte: una classificazione ordinata di forme pronte a essere reinterpretate e riprodotte e a prendere vita, composta da alfabeti di *mirabilia* in gesso, terraglia e porcellana.

Una parte della vasta cultura ceramica di Salvatori è sicuramente influenzata dalla sua formazione faentina, di respiro internazionale, grazie alle lezioni del corso di storia dell'arte ceramica, come anche alla frequentazione delle collezioni del Museo internazionale delle ceramiche, facilmente accessibili per gli studenti, data l'impostazione didattica di scuola-museo. Evidenza di questo bagaglio e interesse culturale sono i prelievi e le appropriazioni di soggetti e forme dal mondo delle arti applicate e del design.

Le radici della tecnica e dell'estetica di Salvatori sono ispirate anche dalla passione per la storia dell'arte, e del Rinascimento in particolare. Un esempio è *Testone*, opera dedicata al *David* di Michelangelo, riprodotto fedelmente a grande dimensione. *Testone* si presenta come una scultura composta da una testa rovesciata e vuota all'interno. Di questa opera esistono tre varianti: una situata al centro di una grande piazza a Montelupo Fiorentino, la seconda invece si trova a Torino all'interno del cortile di Palazzo Villa (Figg. 12-13), la terza è in possesso dell'artista (Figg. 10-11). La plastica rinascimentale dell'opera è eseguita a grande dimensione grazie all'uso della stampa 3D, con la quale è stato prodotto uno stampo grezzo della grandezza desiderata per poi proseguire con una lenta e dettagliata rifinitura manuale. L'opera di Michelangelo viene letteralmente ribaltata per indagarne l'interno. Come si trattasse di un orcio tipico della tradizione toscana, la testa viene riprodotta in terracotta e mostra il lato normalmente celato nella scultura classica per presentarci due mondi: uno acquatico – qui il testone smaltato in color ocra accesso si trasforma in vasca per pesci rossi, nel secondo l'interno ripropone un cielo stellato e riprende la funzione della classica fontana dei desideri nella quale i passanti lanciano le loro monete (Fig. 13).

Quello di Salvatori è un linguaggio pienamente aderente alle finalità di una scultura che si propone come contemplazione del presente utilizzando le armi più sofisticate, frutto di innovazioni e di sperimentazioni sulla base di antiche metodologie e di eternamente necessarie abilità manuali. Tra consonanze e contraddizioni, l'opera di Salvatori è tanto dotata di fisica presenza quanto di concettualità, di radicalità e di concessioni all'ironia e alla più morbida piacevolezza.

I risultati artistici che hanno donato fama internazionale e consenso della critica ad Andrea Salvatori non sarebbero stati raggiunti se nel comporre la sua particolare miscela espressiva, l'artista avesse trascurato una componente fondamentale: l'aspetto concettuale, a volte radicale e a volte ironico, che ha saputo bilanciare e trattenere al di qua di una pericolosa soglia la sua generosità espressiva e precisione esecutiva. La straordinaria manualità dimostrata e gli incalzanti progressi tecnici e tecnologici (Figg. 16-17) raggiunti non sarebbero bastati, prima di tutto, a fare uscire un particolare mezzo espressivo dai suoi ben delimitati confini (culturali e di mercato) e, inoltre, non sarebbero stati sufficienti per comporre opere che hanno affermato la loro più intima ragione di essere all'interno di un calcolato meccanismo di eclatante affermazione e di subitanea, incontrovertibile negazione.

Salvatori si è dedicato al mezzo espressivo ceramico con la sempre maggiore consapevolezza che questa materia, forte di una storia millenaria, è un preciso linguaggio frutto di uniche procedure tecniche e che con le sue eccezionali capacità può aspirare a un grado di oggettività tale da rendere credibili i suoi più funambolici esercizi di pensiero. La bottega rinascimentale è il suo modello tradotto all'interno di un capannone industriale, con tanto di adeguati strumenti e capacità e possibilità tecniche. Una rivoluzione che, oggi, consente alle sue opere un dialogo con la più febbrile contemporaneità ma anche con i capolavori classici.

Salvatori usa la ceramica ai massimi livelli e propone una figurazione funzionale alle sue idee. Si tratta di un artista concettuale in linea con Marcel Duchamp, nel poter liberamente dichiarare, senza vincoli culturali, opera d'arte qualsiasi cosa, sia essa fatta o meno da lui.

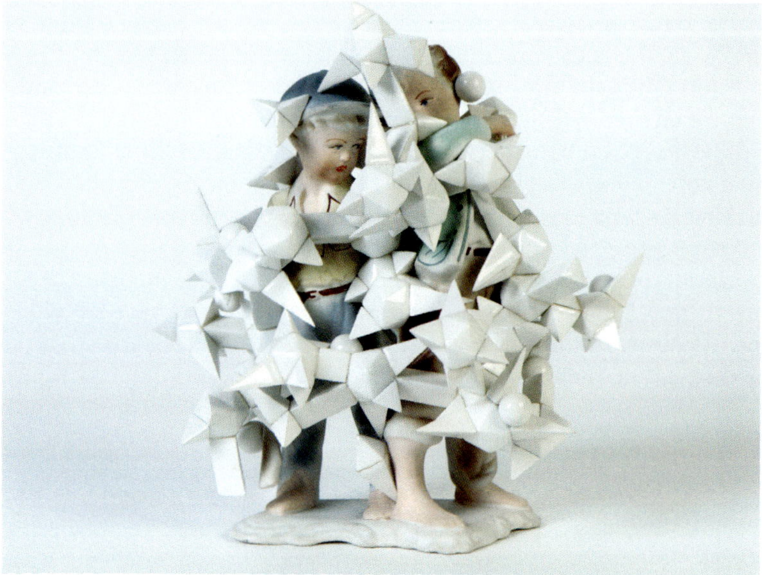

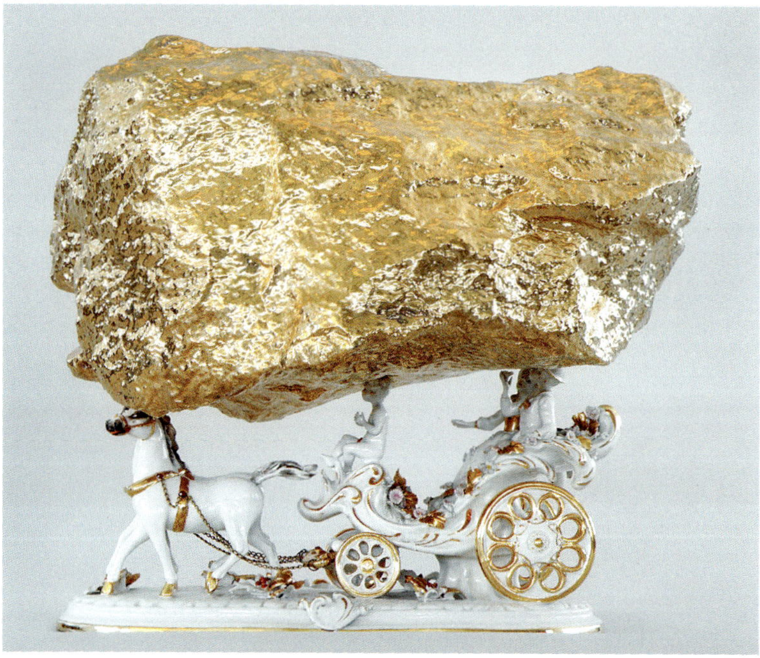

Fig. 1. Andrea Salvatori, *Ricerca cubista*, 2013, ceramica e porcellana, 25 x 25 x 16 cm. Collezione dell'artista. Foto Luca Nostri.
Fig. 2. Andrea Salvatori, *Amore... ma che succede?*, 2016, ceramica e porcellana, 42 x 46 x 40 cm. Collezione dell'artista. Foto Luca Nostri.

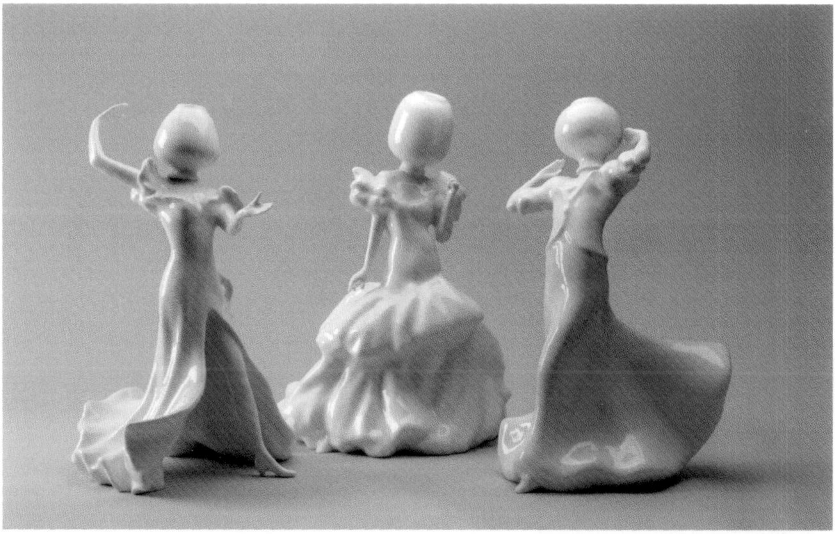

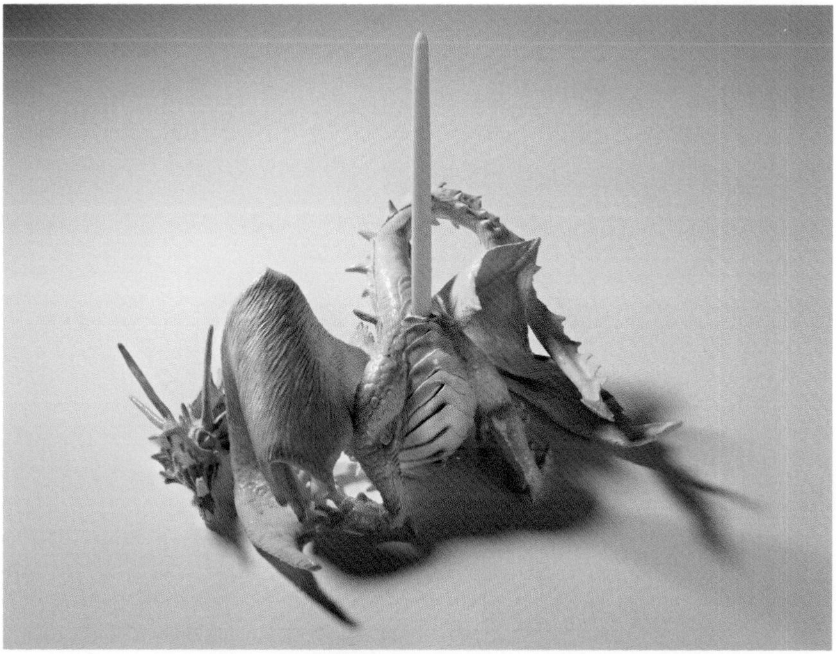

Fig. 3. Andrea Salvatori, *Maria Luigia, Maria Clementina, Maria Teresa (serie invasate)*, 2021, ceramica, 55 x 33 x 38 cm; 59 x 50 x 40 cm; 57 x 35 x 31 cm. Collezione dell'artista. Foto Luca Nostri.
Fig. 4. Andrea Salvatori, *Candelabbro*, 2007, ceramica e candela in cera, 32 x 60 x 60 cm. Collezione dell'artista. Foto Bernardo Ricci.

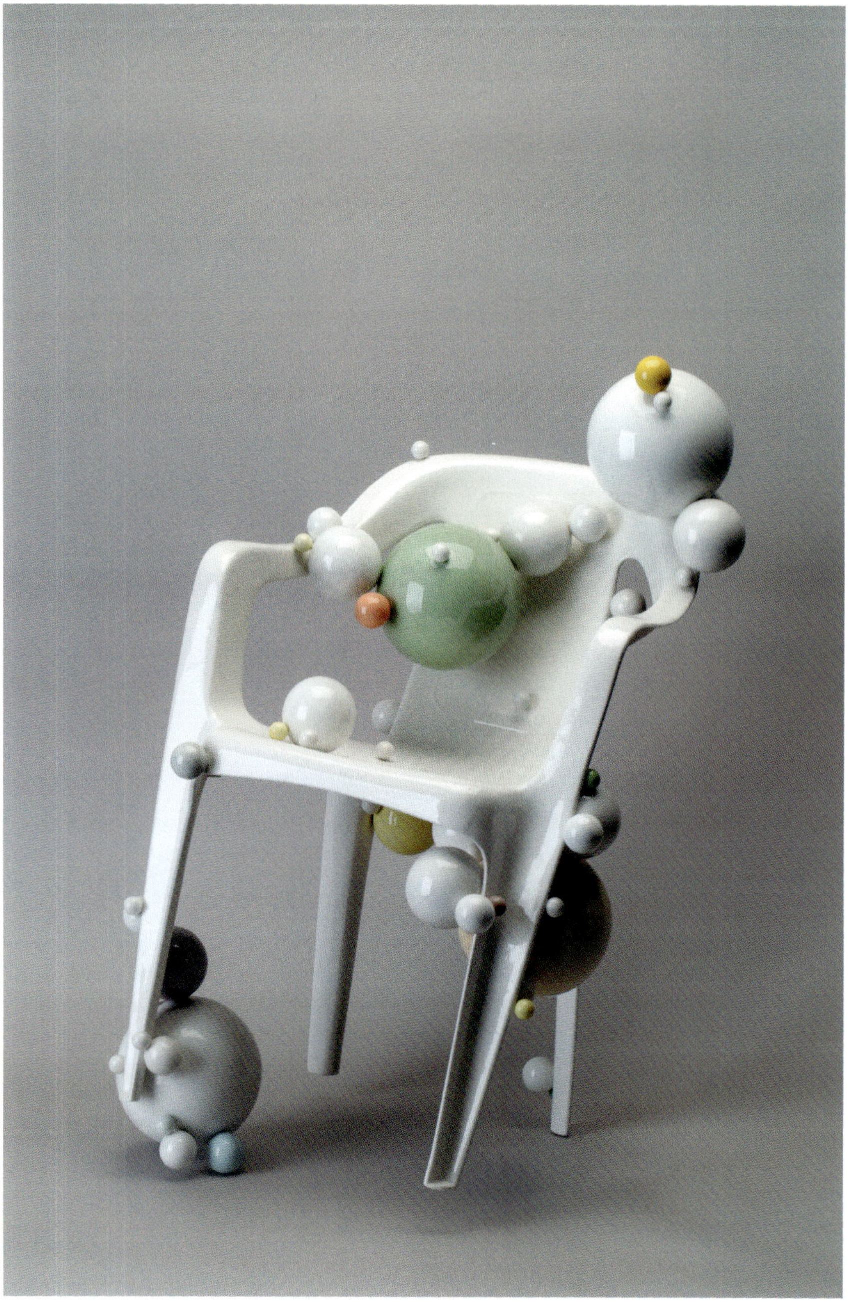

Fig. 5. Andrea Salvatori, *Non è una sedia*, 2016, ceramica, 61 x 40 x 40 cm. Collezione dell'artista. Foto Luca Nostri.

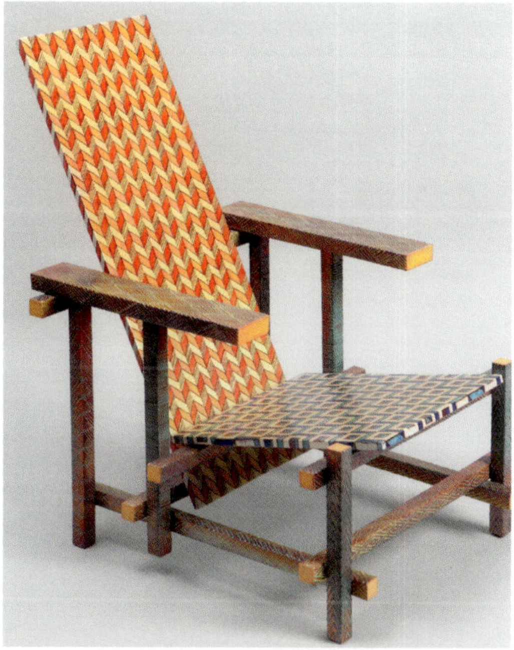

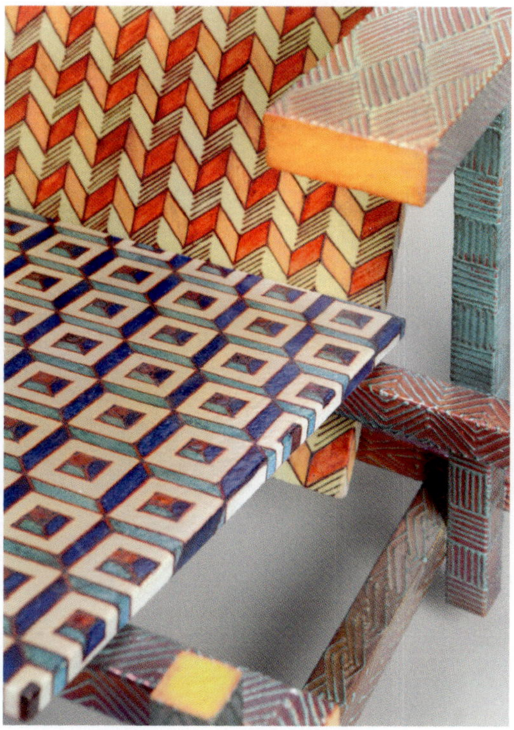

Figg. 6-7. Andrea Salvatori, *Useless Object n. 1. Newplasticism-Postcolonialism*, 2014, e particolare, ceramica, 86 x 65 x 90 cm. In collaborazione con Bottega Vignoli, Faenza. Collezione dell'artista. Foto Luca Nostri.

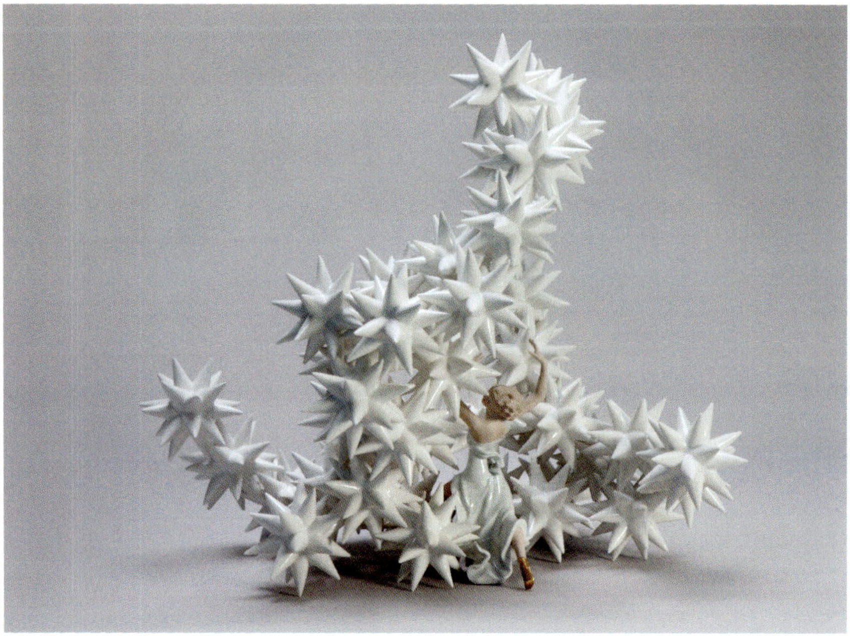

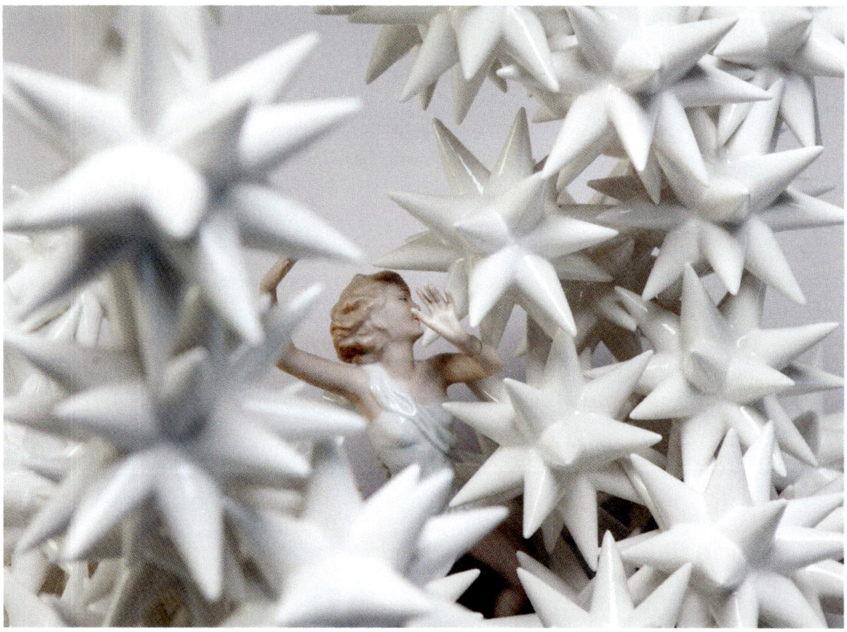

Figg. 8-9. Andrea Salvatori, *Il caso di Pandora*, 2016, e particolare, ceramica e porcellana, 71 x 80 x 54 cm. Collezione dell'artista. Foto Luca Nostri.

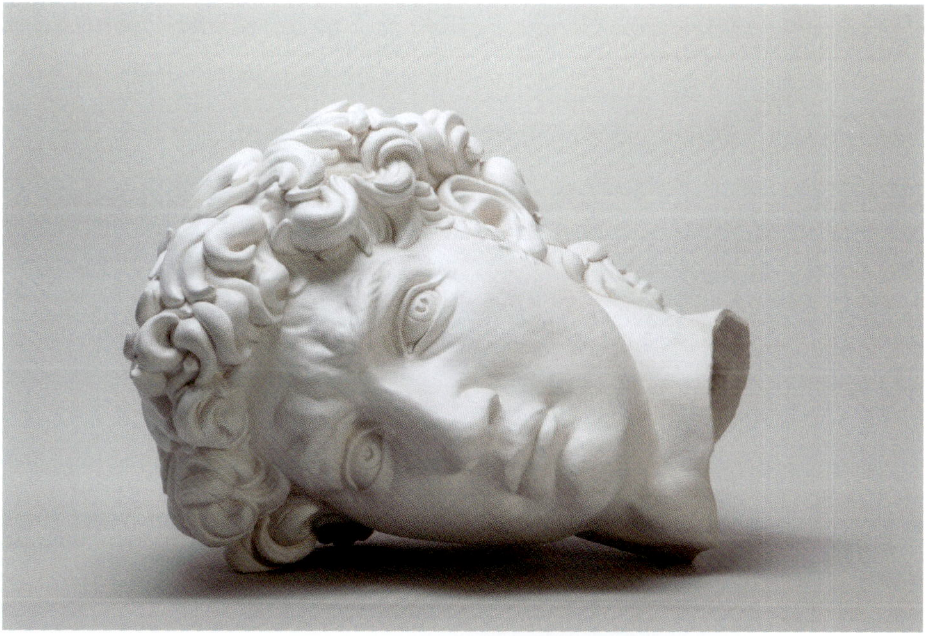

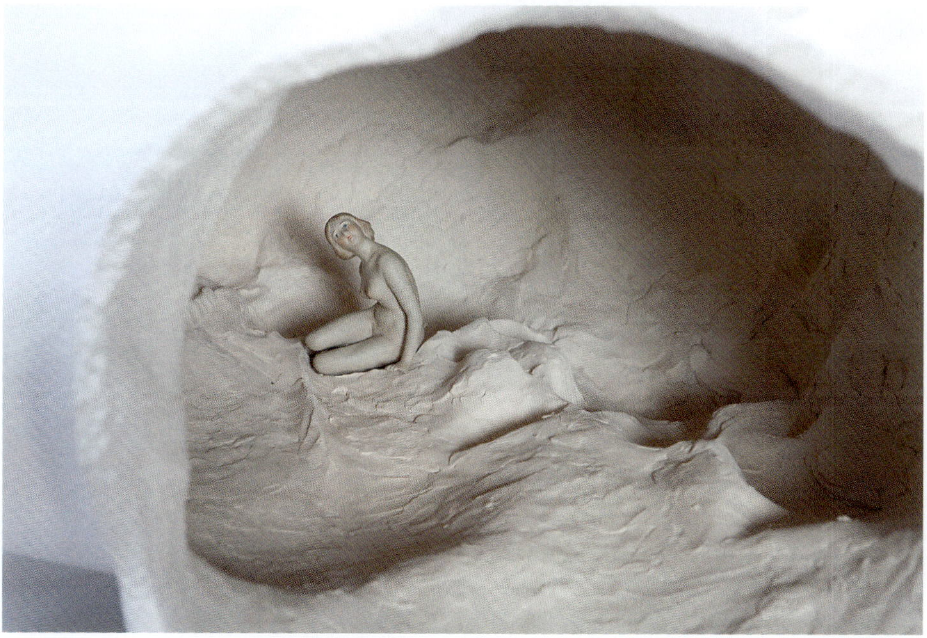

Figg. 10-11. Andrea Salvatori, *Testone*, 2016, esterno e interno, ceramica e porcellana, 60 x 80 x 70 cm. Collezione dell'artista. Foto Luca Nostri.

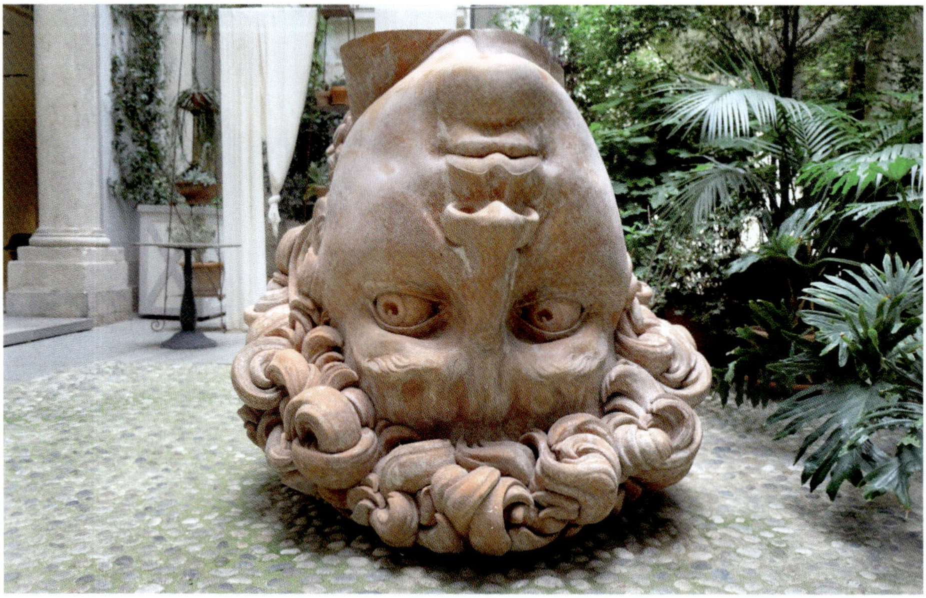

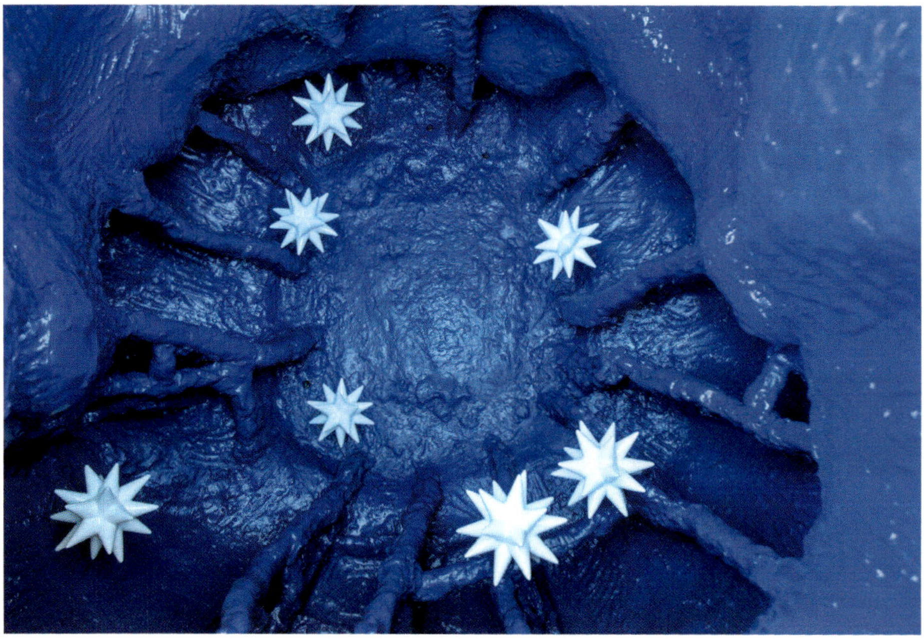

Figg. 12-13. Andrea Salvatori, *Il cielo stellato dentro di me, la legge morale fuori di me*, 2019, interno e esterno, terracotta e ceramica invetriata, 140 x 150 x 160 cm. Torino, Collezione privata San Carlo dal 1973, cortile di Palazzo Villa. Foto Gaia Carboni e Luca Nostri.

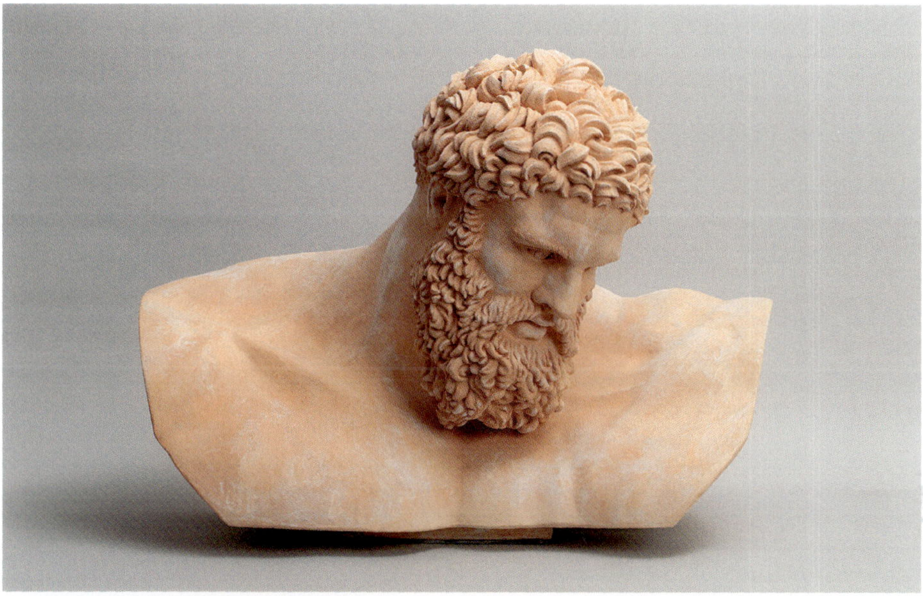

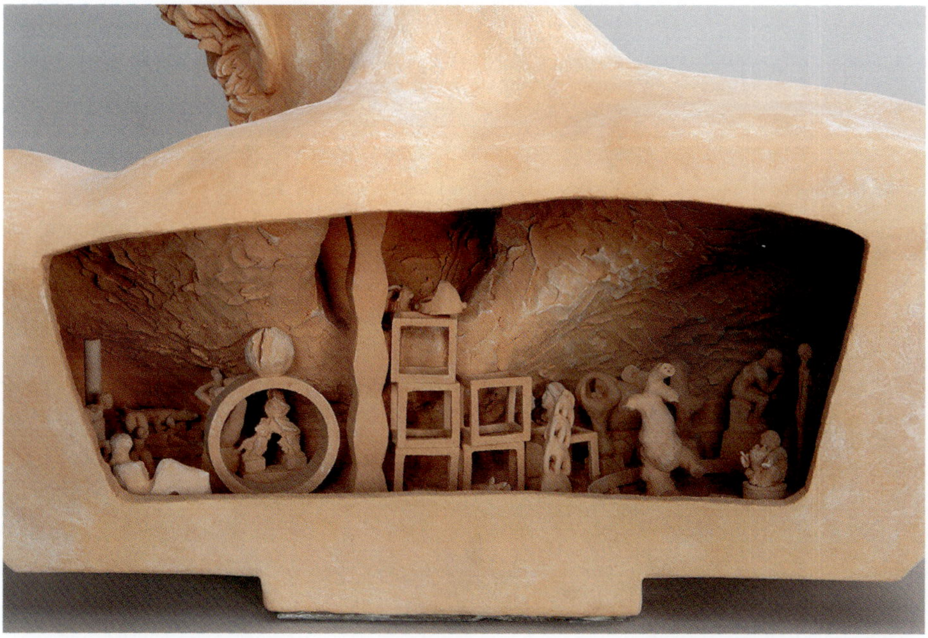

Figg. 14-15. Andrea Salvatori, *Copia da… (Commedia dell'Arte)*, 2023, davanti e dietro, terracotta, 66 x 89 x 45 cm. Collezione Gian Enzo Sperone. Foto Luca Nostri.

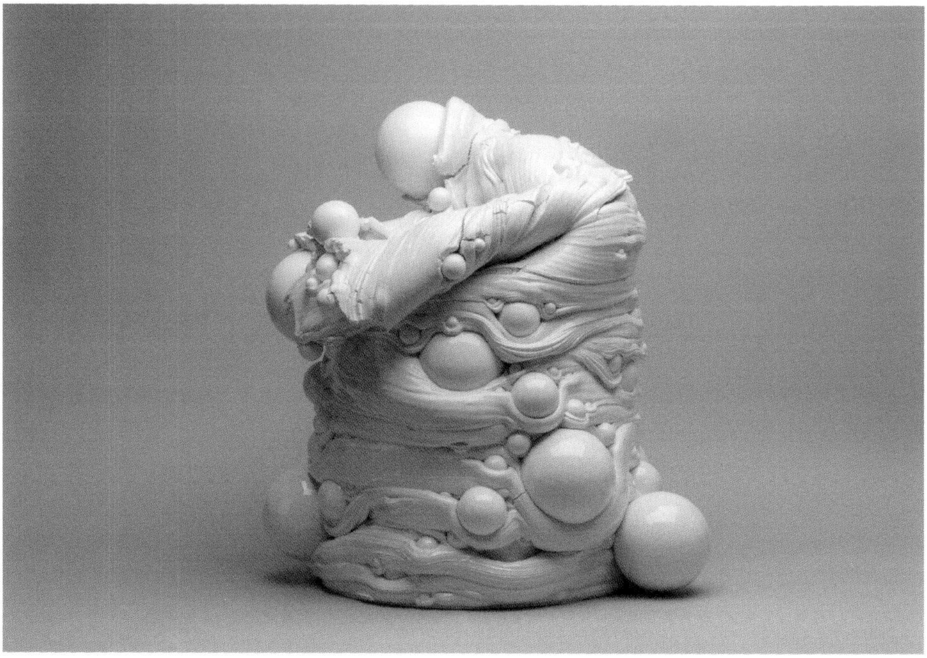

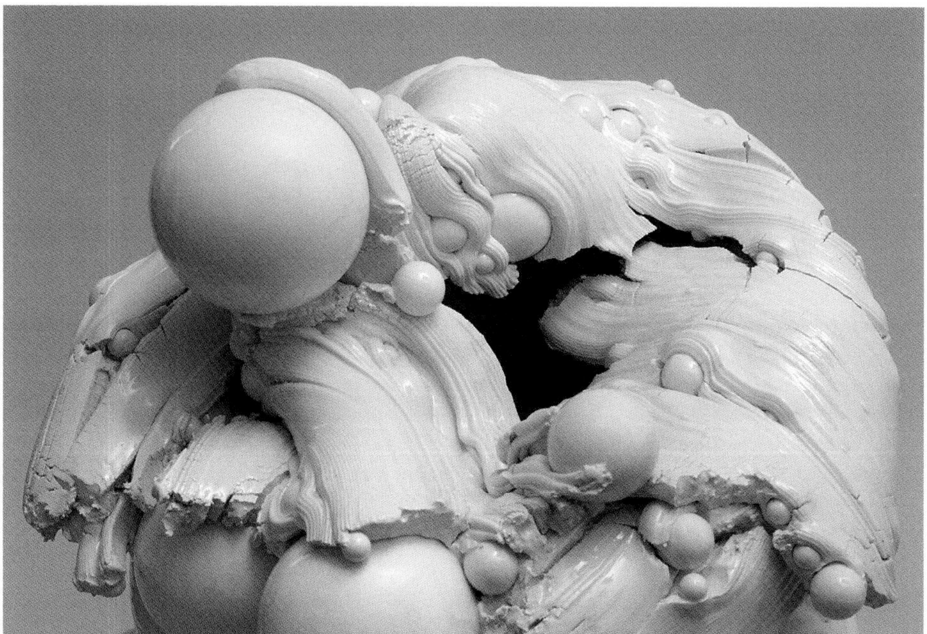

Figg. 16-17. Andrea Salvatori, *Pietas* (serie ikebana *Rock 'n' Roll*), 2023, e particolare, ceramica invetriata, 57 x 46 x 46 cm. In collaborazione con Modelleria Digitale. Collezione dell'artista. Foto Luca Nostri.

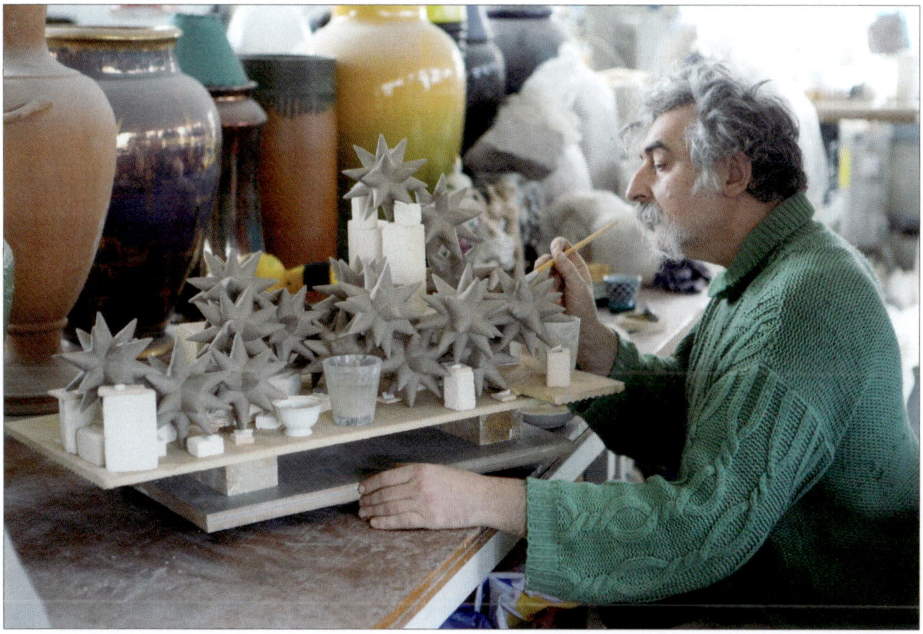

Fig. 18. Ritratto di Andrea Salvatori al lavoro, 2022. Foto Luca Nostri.

Stefano Di Giosaffatte

La Raccolta internazionale del "Grue", una finestra sul mondo dell'arte ceramica contemporanea

Prima di addentrarci nell'argomento è d'uopo ricordare brevemente qual è stato il principio ispiratore della nascita del Liceo artistico statale per il design "Francesco Antonio Grue" di Castelli, e come esso sia rimasto sempre valido e perseguito nel tempo: la crescita artistica, filosofica e tecnica dell'arte della ceramica. Oggi questo principio è stato integrato per attuare una formazione liceale completa. La crescita artistica è avvenuta nel momento della nascita della Scuola, negli avvicendamenti delle varie dirigenze e in occasione della fondazione della Raccolta internazionale.

La scuola nasce nel 1906 come Regia scuola d'arte su impulso dell'allora sindaco di lungo corso di Castelli, Beniamino Olivieri,[1] e dell'onorevole Felice Barnabei, personaggio eccelso che ricopre il ruolo di parlamentare alla Camera dei deputati per ben cinque legislature, archeologo, grande conoscitore di storia antica, anch'egli originario di Castelli.[2] Mi piace rievocare un passaggio di una lettera che Beniamino Olivieri scrive a Felice Barnabei alla fine del 1878, e che dice «avendo a disgusto e vergogna che la figulina con tanto ardore coltivata dai nostri padri resti così negletta, abbiamo il dovere con qualche mezzo di rimetterla in onore».[3] Questo dà il senso del decadimento dell'arte ceramica a Castelli almeno dalla seconda metà dell'Ottocento e la necessità di istituire una scuola di formazione artistica e tecnica che ne risollevi le sorti, tornando a dare alla popolazione il benessere perduto. D'altronde l'economia castellana, anche per la conformazione geografica del territorio, è sempre stata esclusivamente legata alla produzione ceramica. Ad ogni modo la cosa funziona e da subito la scuola ottiene significativi riconoscimenti. Non posso fare a meno di notare la straordinaria lungimiranza e il senso civico di questi politici di fine Ottocento e quanto sia impietoso il confronto con i nostri tempi.

Un importante periodo della scuola è quello degli anni Sessanta del Novecento. Durante la direzione di Serafino Mattucci (1958-1977) arrivano a chiamata diretta importanti professori quali Vincenzo Di Giosaffatte (1960), Roberto Bentini

1. Diego Troiano, *Beniamino Olivieri, 1847-1923*, in *La tradizione del futuro. I centodieci anni della Scuola d'Arte di Castelli*, a cura di Carlo Fabrizio Carli, Castelli (TE), Verdone Editore, 2017, p. 20.

2. Francesco Pellati, *Barnabei, Felice*, in *Dizionario Biografico degli Italiani*, 6, Roma, Istituto della Enciclopedia Italiana, 1964, pp. 418-420.

3. Istituto statale d'arte "F.A. Grue" per la ceramica, *Una scuola per la ceramica: 80°*, Faenza, Faenza Editrice, 1986, Appendice, lettera a Felice Barnabei, p. 147.

(1962) e Gianfranco Trucchia (1964), trovando già operativi Francesco Mancini e Mario Petrucci; altri ancora arrivano dopo come Vincenzo Spinelli, Lucio Fieni e Giovanni Corrieri, i quali daranno vita a un periodo di grande espressività, creatività e sperimentazione. Questo gruppo formidabile lascerà un segno indelebile del suo passaggio in questa scuola.

Voglio richiamare brevemente la storia di Vincenzo Di Giosaffatte (Fig. 1), mio padre: originario di Penne, completati i suoi studi magistrali di specializzazione a Firenze, dopo qualche breve incarico d'insegnamento arriva a Castelli come insegnante di disegno geometrico, architettonico e prospettiva e diventa subito vicedirettore. Qui scopre il materiale ceramico e a mio avviso ne rimane stregato per le molteplici possibilità, per la sua lavorabilità e imprevedibilità: oserei dire che trova la strada per trasporre le forme, che lui disegnava in due dimensioni, in una realtà volumetrica compiuta. Questo incontro segnerà tutta la sua opera artistica.

Dopo circa quindici anni come insegnante sente la necessità di progredire e mettere in campo le sue idee in maniera completa, a tal proposito vince il concorso da preside e inizia una nuova fase della sua vita: dapprima va a dirigere l'Istituto d'arte di Foggia, una scuola grande e caotica dove ne succedevano di tutti i colori, e poi a Sulmona, dove ritrova alcuni professori di Castelli trasferitisi lì, e poi ancora ad Ascoli Piceno. Il suo desiderio impellente però è quello di tornare a Castelli a dirigere la scuola che più di tutte lo aveva interessato: ci riesce e diventa preside del Grue dal 1978 fino al pensionamento nel 2003.

Lui si muove su due direttrici principali, la prima rivolta all'orientamento e la promozione scolastica per incentivare le iscrizioni, sempre problematiche, organizzando concorsi e convegni rivolti alle scuole medie, l'immagine in ceramica e il piatto, per citarne alcuni, e l'organizzazione di mostre didattiche in Italia e all'estero. I risultati arrivano e si toccano: in quegli anni quasi 150 iscritti in ben tre sezioni: Arte della ceramica, Decorazione plastica e Tecnologia ceramica.

La seconda direttrice è la ricerca sistematica di una crescita artistico-culturale, e qui si rifà al pensiero dei padri fondatori. Ciò si sostanzia con la partecipazione a mostre e concorsi nazionali e internazionali, con gli incontri e con i workshop con artisti famosi, con scambi culturali con gruppi di artisti stranieri, con importanti interventi di arredo urbano e con fruttuose collaborazioni con aziende ceramiche. Nella stessa ottica si inseriscono gli innumerevoli viaggi d'istruzione in quasi tutte le capitali europee (Parigi, Londra, Berlino, Lisbona, Barcellona, Budapest, Amsterdam e Delft, Praga, Dublino), fino ad arrivare ai viaggi a New York e a San Pietroburgo, occasioni queste per ammirare le diverse architetture, visitare i musei, con particolare attenzione per quelli delle ceramiche, visitare le scuole d'arte ceramica e le aziende del ramo più interessanti. Per poter organizzare viaggi così dispendiosi viene istituito un fondo dove confluiscono tutti i premi in denaro vinti dagli studenti nei vari concorsi e i proventi delle opere ceramiche realizzate per enti pubblici e fondazioni. In questo modo i costi per gli studenti risultano molto contenuti.

Nel solco delle due direttrici, Di Giosaffatte si prefigge un altro obiettivo ambizioso e innovativo: in occasione dell'ottantesimo anniversario della fondazione della scuola, nel 1986, con la collaborazione del professor Ennio Di Simone e del valido assistente amministrativo Enzo Consorti, istituisce la Raccolta di ceramica contemporanea, rivolgendo l'invito a donare da una a tre opere ai vincitori del Premio internazionale di ceramica di Faenza, agli istituti d'arte dotati di una sezione di ceramica e ai mostri sacri dell'arte ceramica italiana. Grazie alla risonanza di cui godeva Castelli e al prestigio del suo Istituto, in molti accettano. Nasce così la Raccolta di ceramica contemporanea, allestita in un'ala scolastica. A mano a mano la cosa prende piede e si decide così di allargare l'invito ad altri importanti artisti nazionali, molti dei quali conosciuti personalmente da Di Giosaffatte, e ad artisti internazionali che perlopiù vengono individuati tramite un cospicuo numero di abbonamenti a riviste specializzate di arte ceramica (Fig. 2). Mi ricordo ancora le sue agende, che con l'avvento dei computer ho trascritto in un database, in cui ho trovato un numero incredibile di contatti di artisti, politici, imprenditori, giornalisti, professori, dirigenti e funzionari, a testimonianza della sterminata rete di conoscenze in suo possesso. Allo stesso modo mi ricordo di quando andavamo con lui all'*Arte Fiera* di Bologna, che era un appuntamento di riferimento per artisti e galleristi di tutto il mondo, e rimanevo impressionato di quanti ne conoscesse personalmente.

Poi, nel 1993, la Raccolta compie un altro passo avanti e diventa Regionale, grazie ai fondi stanziati su un bel progetto di allestimento dell'architetto Nicola Di Giuseppe, anch'egli insegnante della scuola (Fig. 3). Si cambia sede, utilizzando un ampio spazio ubicato sotto la palestra. Qui si ha modo di apprezzare in tutta la loro magnificenza le oltre quattrocento opere provenienti da più di cinquanta paesi del mondo. E possiamo certamente affermare che si tratta di un *unicum*, frutto della geniale intuizione di un uomo intelligente, lungimirante e determinato. Visitare la Raccolta innesca sublimi vibrazioni armoniche nell'anima e un senso di profondo benessere. Le opere di eccezionale bellezza e straordinaria maestria tecnica rappresentano un gioiello incastonato nelle pendici del Gran Sasso.

Sono stati pubblicati al riguardo complessivamente quattro volumi, di cui tre editi dalla Faenza Editrice rispettivamente nel 1986, 1990 e 1996, nei quali hanno scritto, tra gli altri, i critici Luigi Lambertini, Enrico Crispolti, Enzo Biffi Gentili ed Eduardo Alamaro, e poi il quarto volume riassuntivo del 2003 con immagini a colori, edito da Andromeda Editrice, con il testo critico di Claudio Spadoni.[4]

Grazie anche alla grande sensibilità dimostrata dalla dirigente, professoressa Eleonora Magno, che ha dedicato a questa realtà grandi attenzioni e rinnovate

4. Istituto statale d'arte "F.A. Grue" per la ceramica, *Raccolta internazionale di ceramica d'arte contemporanea*, Faenza, Faenza Editrice, 1986; Istituto statale d'arte "F.A. Grue" per la ceramica, *Raccolta internazionale di ceramica d'arte contemporanea. Vol. 2°*, Faenza, Faenza Editrice, 1990; Istituto statale d'arte "F.A. Grue" per la ceramica, *Raccolta internazionale di ceramica d'arte contemporanea. Vol. 3°*, Faenza, Faenza Editrice, 1996; Claudio Spadoni, *Arte e artisti nel mondo della ceramica. La Raccolta internazionale d'arte ceramica contemporanea*, Colledara (TE), Andromeda, 2003.

iniziative, oggi la Raccolta continua a essere un punto di riferimento dell'arte ceramica contemporanea, sostiene un flusso turistico di qualità e rappresenta un'insostituibile fonte di ispirazione per noi docenti, per i nostri studenti e per gli operatori esterni. Abbiamo ripreso l'attività di acquisizione di nuove donazioni, ultima delle quali l'opera dell'artista Anjeza Kolevica di Tirana, ex studentessa del liceo "Grue", molto apprezzata in patria e all'estero (Fig. 4). Con grande impulso della dirigente è stato lanciato un interessante progetto per i nostri studenti, quest'anno alla seconda edizione, dal titolo "Adotta un'opera": il progetto si prefigge di scegliere un'opera della Raccolta e, ispirandosi a essa, creare una rielaborazione quale opera d'arte, come oggetto di design oppure nell'ambito di una campagna promozionale-divulgativa, sotto forma di racconto, audiovisivo o dépliant. È auspicabile che quest'idea possa essere ampliata come concorso rivolto a soggetti esterni, che operino nel mondo della ceramica.

L'idea per il prossimo futuro è quella di ampliare la Raccolta con nuove donazioni e, allo stesso tempo, risolvere i problemi di spazio che sono venuti a crearsi. Inoltre, come ipotizzato dal 1996, c'è in programma la virtualizzazione della visita, mediante software di ultima generazione che prevedano anche la possibilità di inserire contenuti aggiuntivi sulle opere e sugli artisti presenti; a tale scopo ci sono già dei fondi in dirittura d'arrivo.

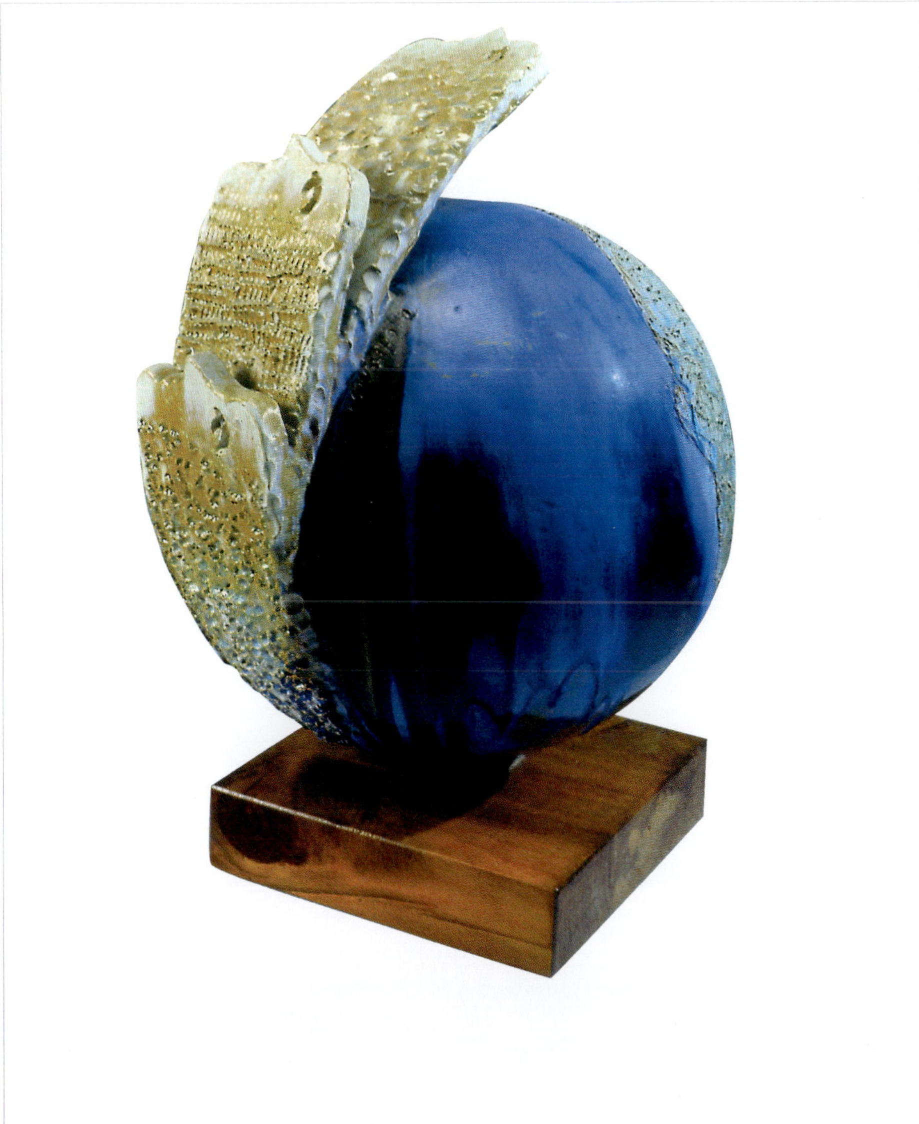

Fig. 1. Vincenzo Di Giosaffatte, *Partendo dalla Terra*, 1983. Raccolta internazionale d'arte ceramica contemporanea, Castelli.

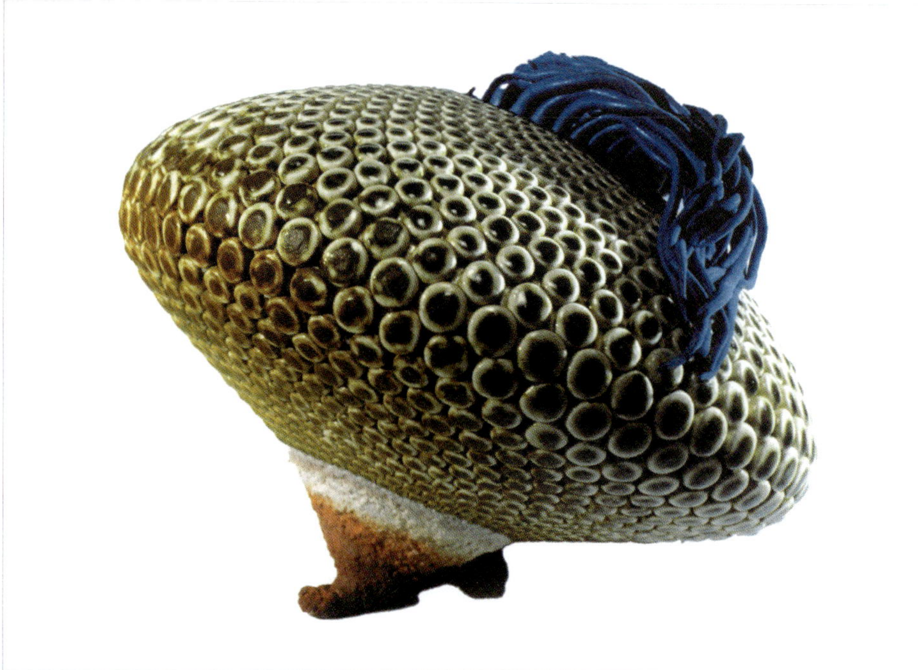

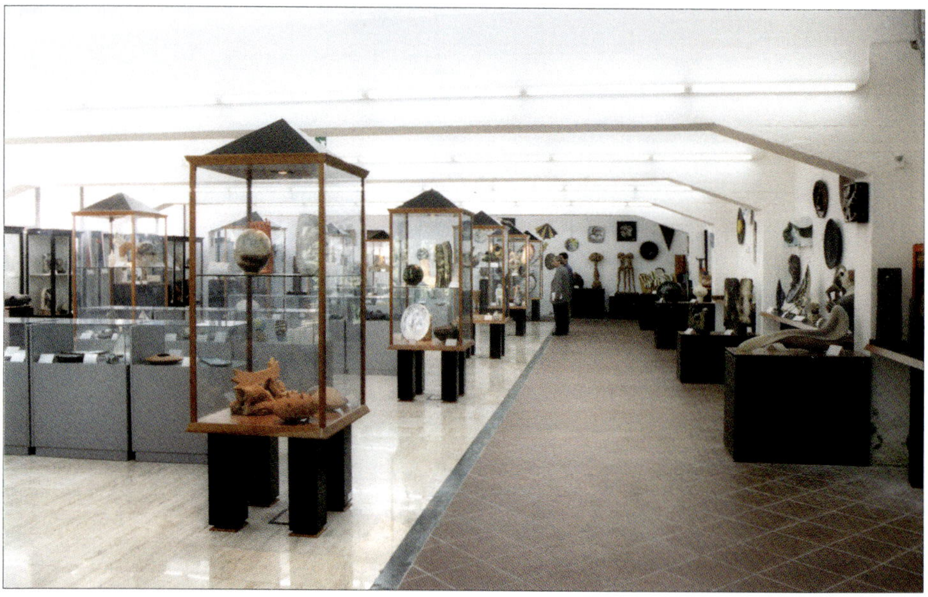

Fig. 2. John Masters, *Sphere Intrusion*, 1992. Raccolta internazionale d'arte ceramica contemporanea, Castelli.
Fig. 3. Raccolta internazionale d'arte ceramica contemporanea, Castelli.

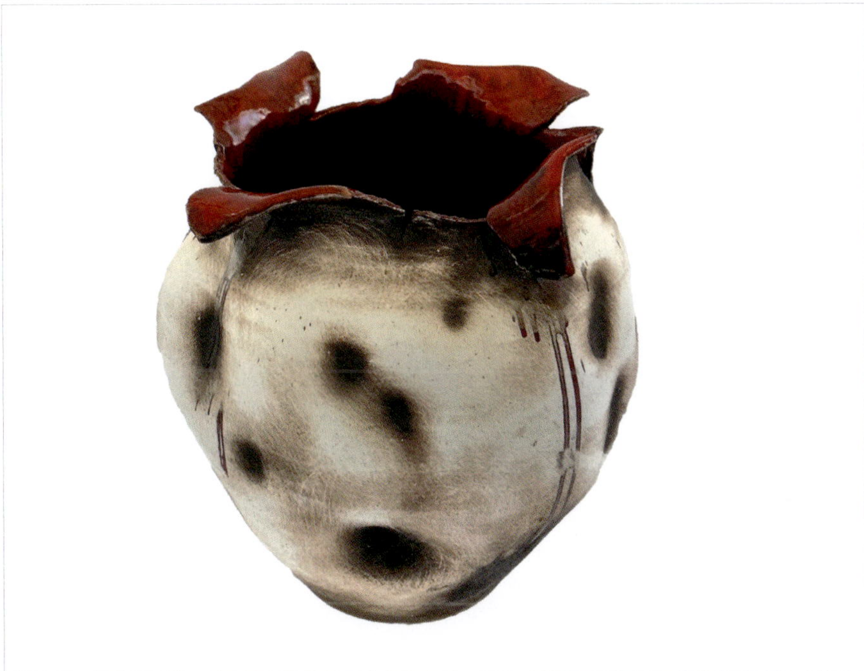

Fig. 4. Anjeza Kolevica, *Forms for Spiritual Gravity*, 2018. Raccolta internazionale d'arte ceramica contemporanea, Castelli.

Pietro Costantini

Fra tradizione e modernità: i cieli di Castelli

La tradizione costituisce un elemento fondamentale nel processo di trasmissione del patrimonio culturale e stilistico attraverso le generazioni. Essa fornisce un riferimento consolidato di tecniche, simboli e tematiche che gli artisti contemporanei utilizzano come base per la creazione delle loro opere. La tradizione funge da stabilizzatore culturale, offrendo punti di riferimento costanti e riconoscibili che facilitano il dialogo tra il passato e il presente. Tale processo di reinterpretazione permette di preservare le identità culturali e assicura la continuità di pratiche artistiche storiche, prevenendo la loro scomparsa. La tradizione, inoltre, ha la capacità di stimolare costantemente l'innovazione artistica attraverso il confronto, al fine di evolvere modelli e generare nuove forme espressive. Non si tratta soltanto di una mera conservazione del passato, dunque, ma rappresenta anche un terreno fertile per l'evoluzione e l'avanzamento delle pratiche artistiche.

Castelli, insieme a molte altre città dedite alla lavorazione e decorazione della ceramica, rappresenta un esempio virtuoso di come sia possibile custodire e trasmettere una tradizione che affonda le sue radici nella preistoria, innovandola attraverso la ricerca e l'esplorazione, rigenerandola anno dopo anno senza mai tradirne la storia. Un'opera collettiva portata avanti non solo dai maestri ceramisti, ma anche da un'istituzione scolastica che ha fatto di questo stile la propria missione: l'attuale Liceo artistico per il design "Francesco Antonio Grue".

Si potrebbero presentare numerosi esempi del fortunato connubio tra tradizione e innovazione, ma sarà sufficiente citarne uno solo: il *cielo* castellano o, per meglio dire, i cieli di Castelli, emblema della grande tradizione, sviluppatasi tra il Cinque e Seicento, nella produzione di mattoni in ceramica dipinta destinati ai soffitti delle chiese, facendo di Castelli l'unico centro esistente in Italia con questa specializzazione.

Nel sedicesimo secolo, infatti, era possibile ammirare, nella cona dedicata alla Madonna del Rosario, uno splendido soffitto ligneo impreziosito da mattoni maiolicati dai colori brillanti e vivaci (Fig. 1). Le tavelle raffiguravano profili e busti di uomini e donne, preghiere, segni zodiacali e vari ornamenti nei colori giallo, arancio e verde ramina, disegnati con coerenza accademica sull'intera superficie a disposizione. L'opera è stata eseguita verosimilmente dalla scuola di Orazio Pompei, ceramista castellano attivo nella prima metà del Cinquecento.[1]

Agli inizi del XVII secolo, la cona fu ricostruita ed ampliata, assumendo tutti i connotati di una piccola chiesa agreste, dedicata inizialmente alla Madonna del Rosario e, a partire dall'Ottocento, a San Donato (Fig. 2). Per adornare il nuovo soffitto a capriate, considerato il ridotto numero delle precedenti mattonelle, non più sufficiente a ricoprire l'intera superfice, tra il 1615 e il 1617 si decise di realizzare un nuovo *cielo* composto da circa mille mattoni maiolicati (Fig. 3),[2] opera compiuta grazie alla disponibilità della locale Confraternita artigiana del Rosario.[3] Il soffitto precedente, dunque, venne dismesso e utilizzato in gran parte come pavimentazione della predella d'altare, mentre alcune tavelle furono collocate in facciata. Queste ultime vennero poi rimosse tra il 1935 e il 1938 da Giancarlo Polidori che le volle trasferire nel Museo della ceramica da lui fondato, al fine di proteggere le preziose mattonelle dal calpestio quotidiano che ne minacciava l'integrità.[4]

L'impresa decorativa, portata avanti collettivamente dai maestri castellani, seguiva lo stile compendiario in voga all'epoca: una reazione all'eccesso cromatico che segnava un nuovo bisogno di semplicità. Su una superfice bianca, lucida e corposa a copertura dell'intero biscotto, spiccavano decorazioni pittoriche lineari ed essenziali, rese con una tavolozza cromatica parca ma vivace: giallo, blu, arancio, verde e manganese, tinte tipiche della maiolica castellana. I disegni comprendevano esili e solitarie figure circondate da ghirlande stilizzate, ottenute con brevi tocchi di colore, senza minuzie descrittive né superflua precisione (Fig. 4).[5] Si trattò di un'opera devozionale, espressa mediante implorazioni scritte, litanie, ritratti, stemmi religiosi e laici, edifici sacri, santi e altri elementi iconografici cattolici, maggiormente chiariti dall'iscrizione apposta su alcune tavelle (Fig. 5):

> GE[N]TES CAS[TRI] | FECER[UNT] HOC TE[M]P[LUM] HONORI DEI SI[MU]LQ[UE] | P[ER] PET[U]AE MEM[ORI]AE | B[EA]TAE V[IR]G[I]NIS M[A]RIAE

Ai mattoni succitati, inoltre, se ne affiancavano altri rappresentativi della flora e fauna: vegetazioni, scene di caccia e animali tratti dai bestiari medievali, ognuno con un proprio significato simbolico, fornendo l'occasione ai giovani studenti dell'allora Scuola d'arte "Francescantonio Grue" di analizzare e riprodurre

1. Vincenzo Di Giosaffatte, *Il soffitto di San Donato*, in «Ceramica per l'Architettura», 22 (1995), p. 26.

2. Ogni mattone misura 16 x 32 x 2,5 cm. Oggi ne rimangono *in situ* quasi 800. Si veda Di Giosaffatte, *Il soffitto di San Donato*, pp. 22-29.

3. Adele Anna Amadio, *Il cinema sul soffitto*, in «FMR», 144 (2010), p. 110.

4. Oggi se ne conservano presso il museo solo 135, a fronte delle 241 che era possibile contare alla fine dell'Ottocento. Ivi, p. 111.

5. A Castelli tale stile fu adottato fino a quando Francesco Grue (1618-1673) non introdusse e sviluppò il cosiddetto stile istoriato, una tecnica decorativa che presenta scene figurative narrative, spesso di soggetti mitologici, biblici o storici, dipinte con grande dettaglio su superfici ceramiche. Sviluppatosi durante il Rinascimento italiano, questo stile utilizza smalti colorati per creare immagini vivide e complesse, trasformando oggetti come vasi e piatti in racconti visivi.

a lungo i mattoni di San Donato, insieme ad altri soggetti della ceramica classica castellana, esercitandosi così in attività formative che consentivano di apprendere i valori e la tradizione, nonché specializzarsi nella manualità necessaria per possibili realizzazioni originali.

Non è un caso, dunque, se nel 1954, in occasione della X Triennale dell'artigianato a Milano, la Scuola d'arte fu inviata a parteciparvi con il diretto incarico di eseguire un lavoro capace di interpretare i due antichi soffitti castellani. L'opera, realizzata in tempi brevissimi grazie all'impegno del direttore Guerrino Tramonti, dei professori Arrigo Visani e Serafino Mattucci e alla partecipazione degli studenti, fu presentata alla Triennale ottenendo un grande successo e il conferimento del Diploma d'onore (Fig. 6).

Composta da 356 tavelle[6] delle dimensioni di 30x50 cm, l'opera è un'affascinante unione di antico e moderno, nel particolare rincorrersi di richiami e nell'armonioso tripudio di colori. L'omaggio alle due più antiche esecuzioni si percepisce, oltre che nella totalità dell'opera, anche nelle scelte iconografiche. Numerosi sono infatti i volti, i motivi vegetali, gli animali e le iscrizioni. Alle affinità si alternano sostanziali differenze, tra le quali è percepibile immediatamente quella della scelta cromatica. La tipica tavolozza dello stile compendiario cede il passo a contrasti più forti e netti; il caratteristico smalto che nell'antico impianto del XVII secolo costituiva totalmente la base su cui si stagliano le decorazioni, è ora spesso trascurato. I motivi vengono giocati al di sopra di un'alternanza di sfondi alle volte scuri, altre colorati e solo alcune volte, bianchi. L'intento non è di riproporre fedelmente la natura, ma di giocare con essa e con le sue infinite sfaccettature secondo una nuova poetica.

Nell'ammirare l'opera è impossibile non percepire le suggestioni dell'arte contemporanea, come la resa figurativa di Picasso (Fig. 7) e legami stilistici con le opere di Matisse, Miró e Kandinskij, frutto della ricca formazione culturale degli artisti-docenti che vi hanno lavorato sia nella fase progettuale, sia in quella realizzativa. Tra le molte rappresentazioni geometriche, da una parte si richiama la tradizione attraverso la caratteristica decorazione a scacchiera, mentre l'innovazione si manifesta con motivi di ascendenza post-cubista e astrattista, ampiamente praticati nel secondo dopoguerra. L'omaggio alle più antiche sezioni si percepisce non solo nell'essenza corale dell'opera, ma anche in alcune scelte iconografiche.[7]

Il *Terzo Cielo*, dunque, è un lavoro corale, dove gli allievi hanno operato, come nelle botteghe antiche, sul disegno del *magister*, per realizzare ciò che la sensibilità e la cultura dei tre maestri della ceramica indicavano. Mattucci, Visani e Tramonti, consapevoli del significato del segno decorativo nell'ambito dell'artigianato

6. Ne sono pervenute sino a noi 258. Le restanti sono verosimilmente andate perdute o distrutte durante la collocazione nel sottotetto dell'Istituto d'arte di Porta Romana a Firenze (per il quale, vedi *ultra*): Ilaria Materazzo, *La riedizione del soffitto di San Donato di Castelli*, in *Il Terzo Cielo di Castelli. L'edizione moderna del soffitto di San Donato*, a cura di Maria Selene Sconci, Teramo, Comitato organizzatore mostre ceramiche antiche e moderne, 2010, p. 32.

7. Ivi, pp. 33-34.

ceramico, hanno cercato di rinnovare la produzione locale portando a Castelli un repertorio di immagini nuovo, mantenendo intatta l'essenza decorativa dell'opera corale, volutamente anonima. Le influenze reciproche tra i ceramisti sono evidenti nelle scelte stilistiche e iconografiche, in particolare nell'uso delle tinte accese che conferiscono, ancora una volta, unità all'opera, permettendo una visione globale armoniosa e contemporanea. Tale approccio ha permesso di conservare il legame con la tradizione dell'artigianato artistico, mentre si introducevano elementi di modernità. L'opera, con il suo equilibrio tra tradizione e innovazione, rappresenta un significativo esempio di come l'arte e l'artigianato possano evolversi insieme, mantenendo viva la memoria mentre si abbracciano nuove espressioni artistiche.

Dopo l'esposizione milanese, il moderno soffitto fu trasferito presso l'Istituto d'arte di Porta Romana a Firenze su richiesta del direttore Ferruccio Pasqui, al fine di inserirlo nella mostra permanente ideata per raccogliere i migliori lavori eseguiti dalle scuole e degli istituti d'arte italiani. Fino agli anni Settanta del Novecento l'opera rimase esposta presso l'istituto fiorentino fino a quando, a causa dei lavori di ampliamento dell'edificio, l'esposizione venne smontata. A lavori conclusi, le tavelle furono parzialmente esposte in due pannelli: uno composto da circa trenta mattonelle collocato nelle stanze della presidenza e un secondo, costituito da cinquantuno pezzi, nell'ex biblioteca.[8] I restanti tavelloni, invece, furono quasi completamente dimenticati nel sottotetto dell'Istituto fino al 2010, quando, grazie alla determinazione del Comitato per le mostre della ceramica di Castelli, il *cielo* fu recuperato e riportato nel paese d'origine, dove oggi è valorizzato ed esposto al pubblico presso il liceo "Francesco Antonio Grue".

Proprio la riuscita esperienza del *Terzo Cielo*, capace di tradurre l'antico in moderno con un respiro nazionale, ha ispirato la realizzazione del quarto *cielo*, o *Cielo d'Italia* (Fig. 8), un progetto che «rappresenta i tanti volti e le tante sfumature della ceramica italiana, che mostra come i nostri artigiani e le nostre botteghe ceramiche siano protagoniste del momento presente».[9]

Nel novembre del 2012, due anni dopo l'inaugurazione della mostra *Il Terzo Cielo di Castelli. L'edizione moderna del soffitto di San Donato*, allestita presso l'Archivio di Stato di Teramo dopo il recupero dell'opera, fu organizzata un'altra esposizione dedicata a Guerrino Tramonti presso il Museo internazionale della ceramica di Faenza, dove il *cielo* fu nuovamente mostrato al pubblico. Durante l'inaugurazione, Siriano Cordoni, vicepresidente del Comitato organizzatore mostre ceramiche antiche e moderne, illustrando il progetto e la storia del *Terzo Cielo*, lanciò l'idea di realizzare una nuova opera che potesse coinvolgere tutte le città italiane della ceramica: un nuovo *cielo* capace di abbracciare e fondere in un solo manufatto tutta Italia.

Nelle prime riunioni organizzative, alle quali prese parte sin da subito l'Associazione italiana città della ceramica, fu stabilito il tema che, considerato l'im-

8. Ivi, p. 32.

9. Massimo Isola, in *Il Cielo d'Italia. Progetto d'arte ceramica*, a cura di Alessandro Maria Caccia e Siriano Cordoni, Rocca San Giovanni (CH), Litografia Botolini, 2019, p. 13.

minente Expo milanese del 2015, non poteva non essere coerente con l'argomento scelto per l'esposizione di quell'anno: "Nutrire il pianeta, energia per la vita". L'idea, infatti, era quella di esporre l'opera collettiva proprio all'Expo, in collaborazione con il Rotary Club International che, tuttavia, all'ultimo momento decise di ritirare la propria partecipazione. Tale scelta fu provvidenziale poiché il Comitato organizzatore aveva originariamente deciso di cedere il manufatto, alla chiusura di Expo, al Rotary International che lo avrebbe esposto al Rotary International Building di Chicago. Tale decisione, presa al fine di aumentarne la visibilità, avrebbe tuttavia allontanato il *Cielo d'Italia* dal territorio nel quale era stato progettato e realizzato.

Nonostante la possibilità di esposizione a Milano fosse naufragata, le tavelle decorate cominciarono comunque ad arrivare numerose da parte delle 31 città coinvolte: 301 maestri ceramisti inviarono un totale di 384 tavelle che necessitavano di un luogo idoneo per organizzare l'esposizione. Grazie all'attivo contributo dell'allora sindaco di Teramo Maurizio Brucchi e della direttrice del Polo museale cittadino Paola Di Felice, fu concesso un ampio spazio presso il Parco della scienza, una struttura polifunzionale sita a Teramo. Nel 2015 l'allestimento fu completato. In seguito a una visita di Vittorio Sgarbi, che fu colpito dal manufatto tanto da decidere caparbiamente di portarlo all'Esposizione universale milanese, venne selezionata una sola mattonella in rappresentanza di ciascuna città della ceramica a causa dei limiti di spazio, riaccendendo la speranza da parte degli organizzatori di poter mostrare l'opera a Milano. La selezione fu esposta dal 26 settembre fino alla chiusura di Expo nel punto di ristoro Eataly (Fig. 9). Rientrata a Teramo la selezione milanese, l'allestimento fu ufficialmente inaugurato il 7 novembre 2015.

Le tavelle del *Cielo d'Italia* suggeriscono decantazione ed elevazione degli stilemi pittorici ed esecutivi tradizionali, senza trascurare le vicende umane (Fig. 10). L'uso dell'oro in alcune mattonelle non è una mera esibizione di magnificenza, ma una raffinata nobilitazione. Il polimaterismo equilibrato, l'esaltazione della terracotta, i suggerimenti cromatici discreti, il buon disegno e le romantiche figure conferiscono all'opera un'istanza meditativa, in linea con il tema dell'Esposizione universale. Gli artisti, pur non conoscendosi, hanno raccontato la propria esperienza ceramica attraverso i segni pittorici, evidenziando la singolarità dell'evento e la loro passione comune. Ogni tavella rappresenta una rigenerazione della memoria, mettendo in luce le peculiarità di ogni città della ceramica.

L'esposizione del *Cielo d'Italia*, in linea con quelle del *Terzo Cielo*, sensibilizza sia le istituzioni sia la collettività, valorizzando gli artisti e promuovendo la dignità dell'arte ceramica in un contesto sociale ed economico in continua evoluzione.[10]

Oggi il *Cielo d'Italia* è esposto presso il polo didattico "Gabriele D'Annunzio" dell'Università degli Studi di Teramo (Fig. 11). Concesso in prestito con

10. Si veda Giuseppe Bacci, *Il Cielo d'Italia tra tradizione e innovazione,* in *Il Cielo d'Italia*, pp. 23-26.

un contratto di comodato gratuito, è divenuto un elemento imprescindibile del museo universitario d'arte contemporanea inaugurato nel maggio del 2018 per volontà del rettore emerito Luciano D'Amico e della delegata alla cultura Raffaella Morselli, oggi diretto da Paolo Coen.

Il linguaggio creativo e l'esecuzione delle diverse tavelle permettono di adattare e rimodellare costantemente l'allestimento, rispondendo così alle diverse esigenze logistiche ed espositive. Il *Cielo d'Italia*, che oggi si presenta al pubblico con una veste diversa dalle precedenti, è caratterizzato da una struttura complessa e modificabile, progettata per trasmettere un senso di unità nella diversità, combinando in un'unica grande opera molteplici elementi e simboleggiando una riqualificazione umanistica del nostro mondo.[11]

Nel suo contributo per il catalogo dedicato al progetto *Il Cielo d'Italia* – a cura di Alessandro Maria Caccia e Siriano Cordoni – la dirigente Eleonora Magno, riferendosi al liceo artistico "Francesco Antonio Grue" e alla sua storia, scrive:

> La missione formativa originaria ha conservato intatta l'ambizione di mantenere viva l'illustre tradizione ceramica locale percorrendo la sola via capace di attingere a questo giacimento artistico senza impoverirlo, rendendolo anzi una fonte inesauribile perché viva e feconda: la via della ricerca continua, dell'intrepida esplorazione di nuove e originali interpretazioni. Stare nella storia con la responsabilità di assicurare un futuro all'arte castellana.[12]

Il liceo infatti nei decenni si è distinto nel panorama educativo e artistico per il suo impegno nell'innovazione e nell'evoluzione delle tecniche tradizionali. Basato su una solida tradizione artigianale, l'istituto ha costantemente aggiornato il proprio curriculum per integrare metodologie contemporanee e tecnologie avanzate, senza perdere di vista le sue radici storiche. La scuola non si limita alla semplice trasmissione del sapere, ma promuove attivamente la sperimentazione, offrendo ampio spazio alla creatività degli studenti, i quali sono incoraggiati a esplorare nuove forme espressive e a combinare materiali e tecniche diverse. Questo approccio ha consentito alla scuola di contribuire significativamente all'evoluzione dell'arte ceramica, garantendo che la ricca eredità culturale di Castelli continui a ispirare e prosperare nel futuro.

11. Ivi, p. 26.

12. Eleonora Magno, *Liceo artistico "Grue". Di cielo in cielo nel segno della ceramica*, in *Il Cielo d'Italia. Progetto d'arte ceramica*, a cura di Alessandro Maria Caccia e Siriano Cordoni, Rocca San Giovanni (CH), Litografia Botolini, 2019, pp. 35-38.

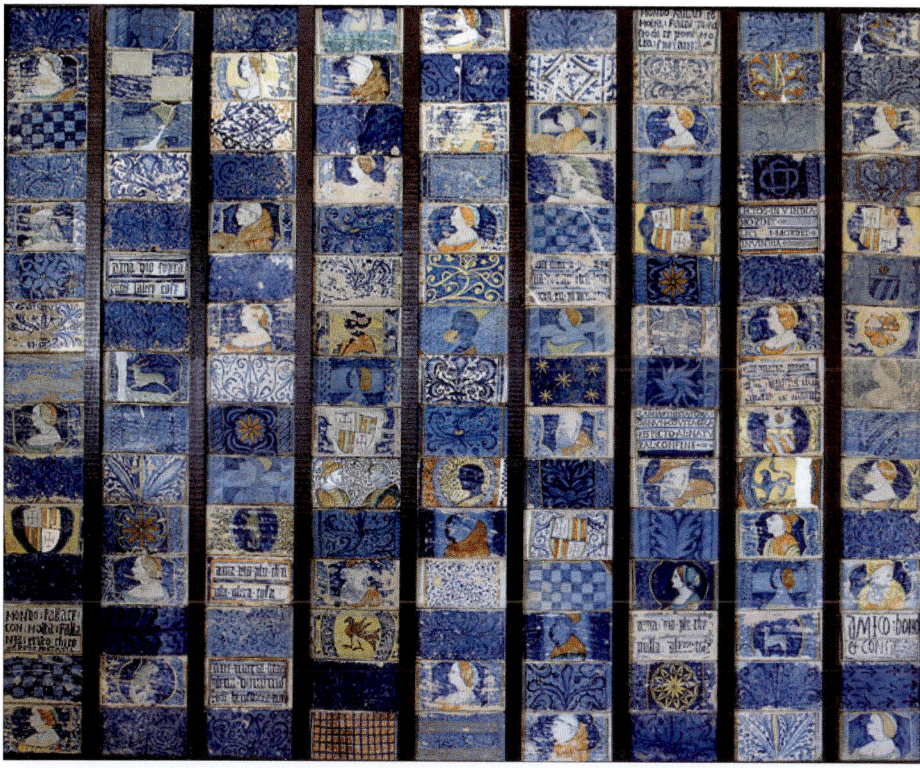

Fig. 1. Porzione dell'antico soffitto della chiesa di San Donato detto *Primo cielo*, XVI secolo. Museo delle ceramiche, Castelli.

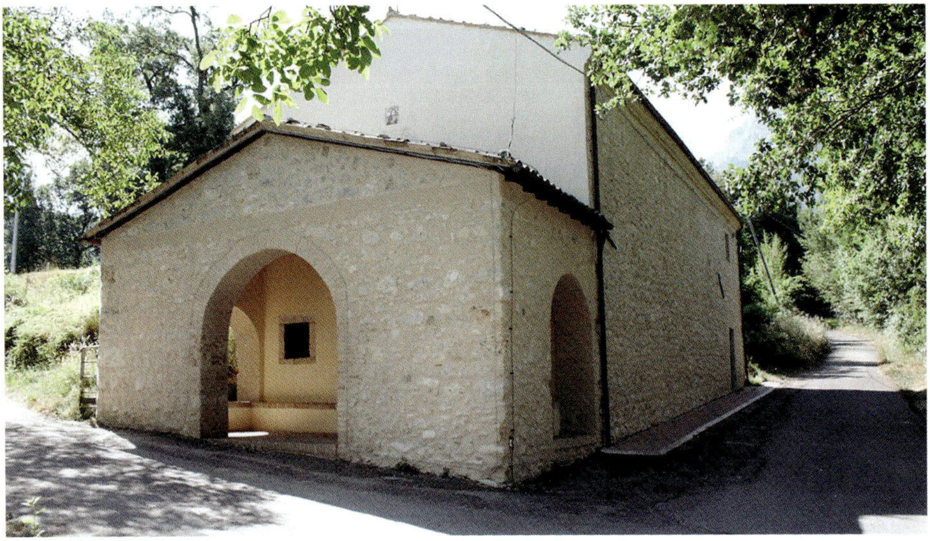

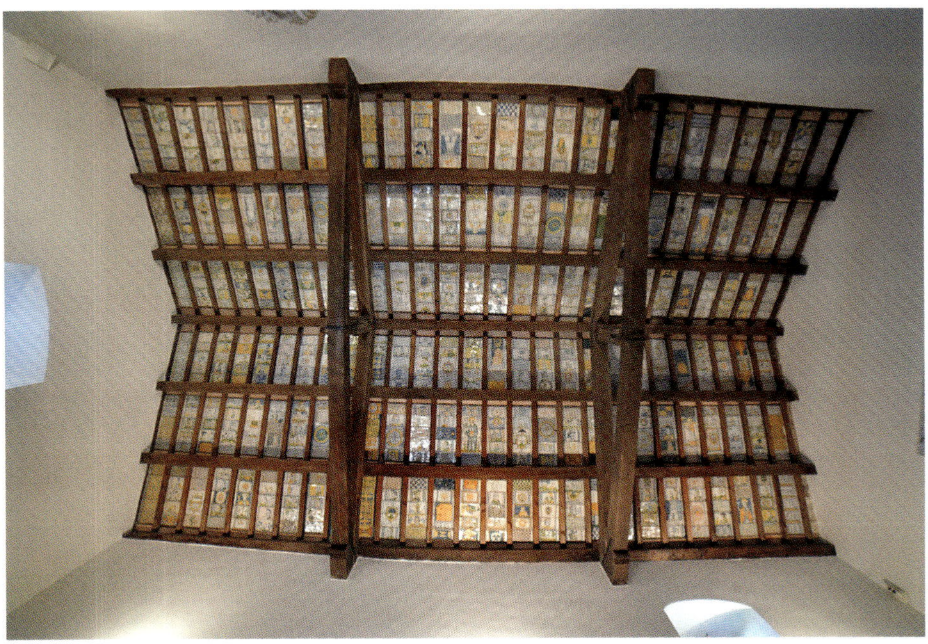

Fig. 2. Chiesa di San Donato, Castelli, esterno.
Fig. 3. Soffitto maiolicato detto *Secondo cielo*, XVII secolo. Chiesa di San Donato, Castelli.

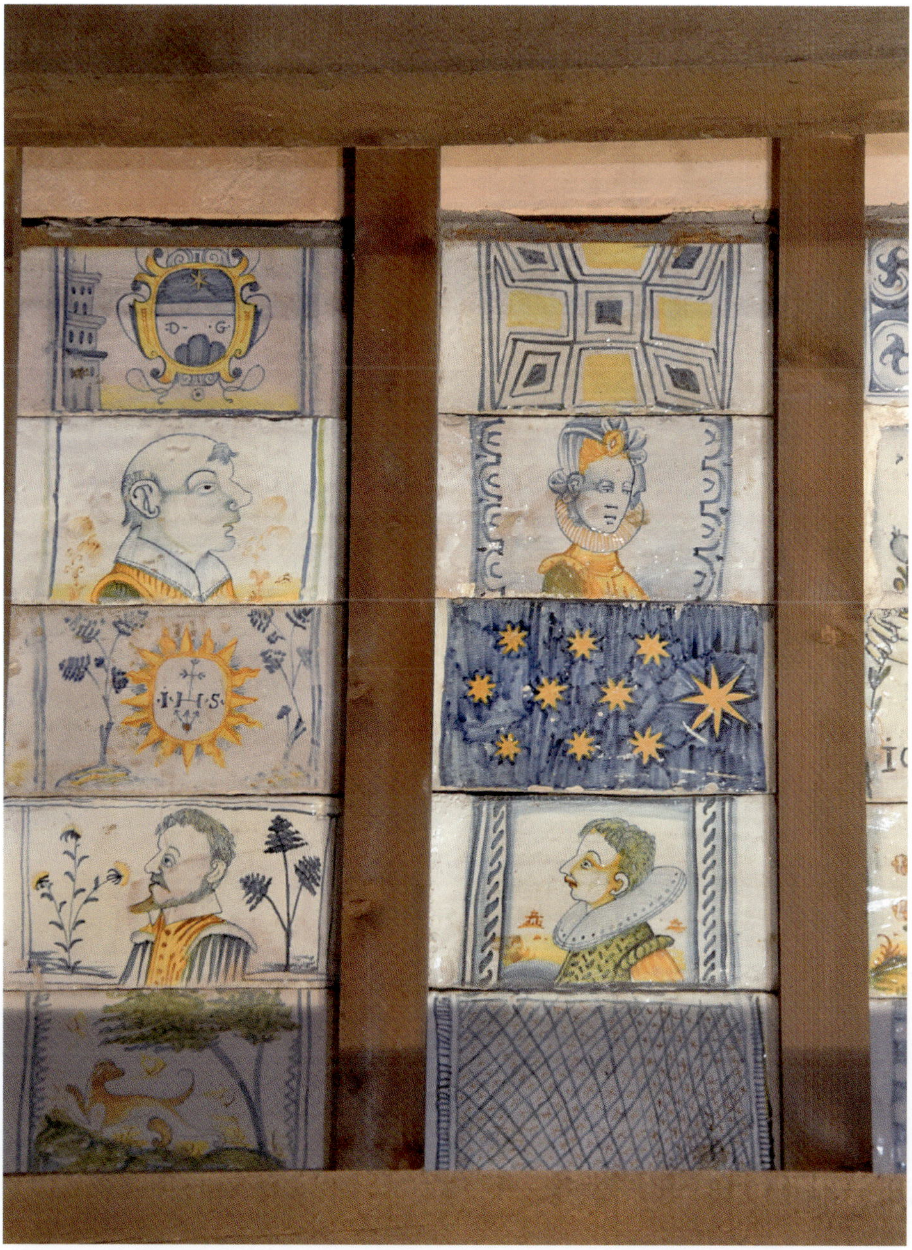

Fig. 4. Soffitto maiolicato, particolare delle tavelle, XVII secolo. Chiesa di San Donato, Castelli.

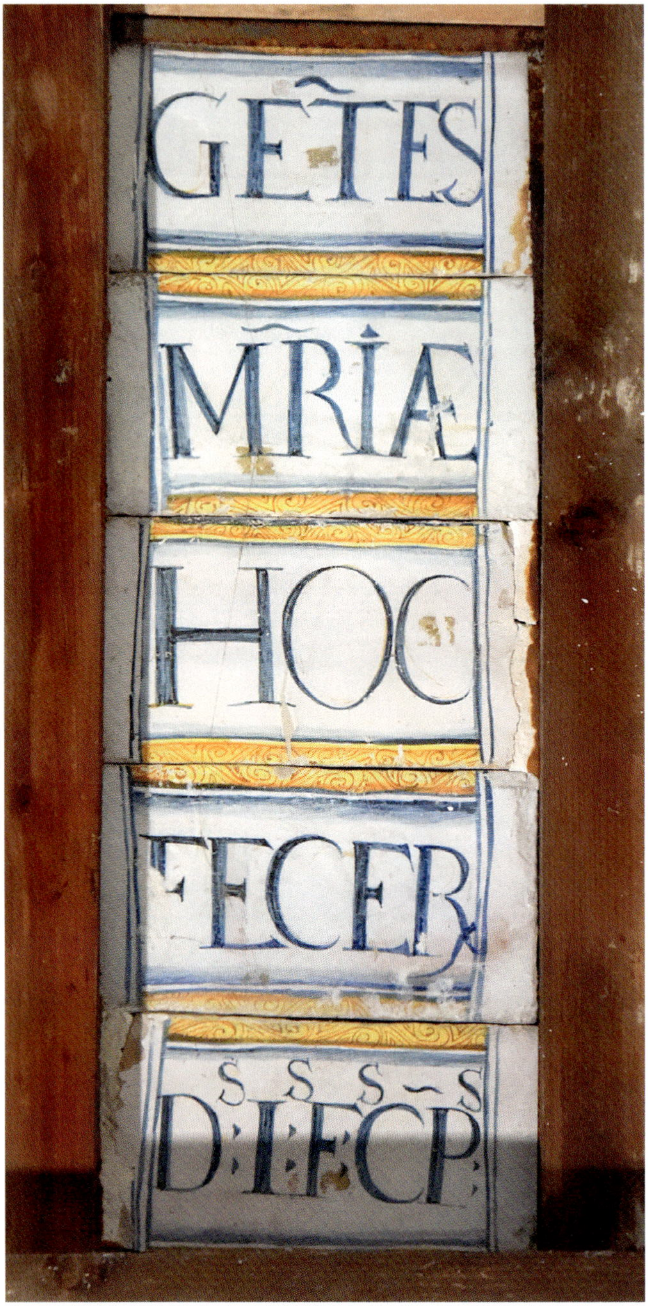

Fig. 5. Soffitto maiolicato, particolare con iscrizione, XVII secolo. Chiesa di San Donato, Castelli.

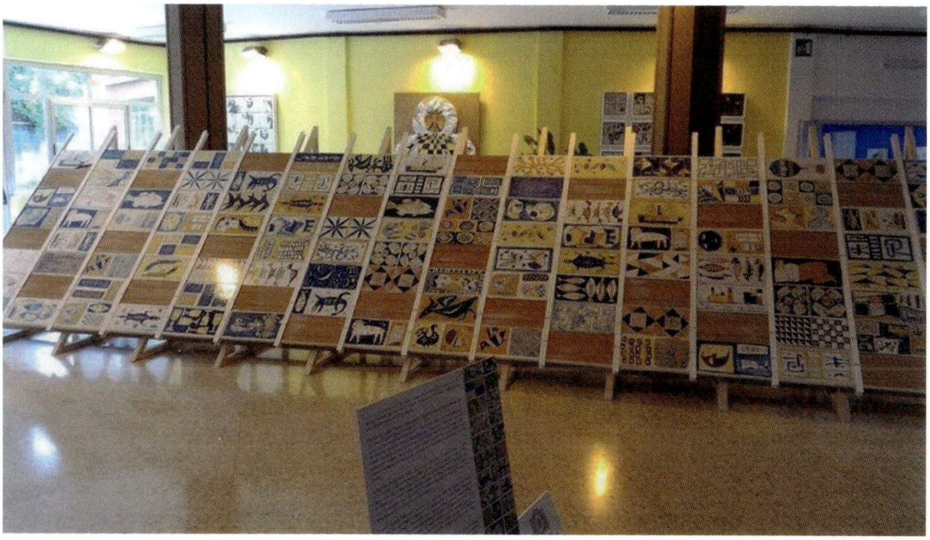

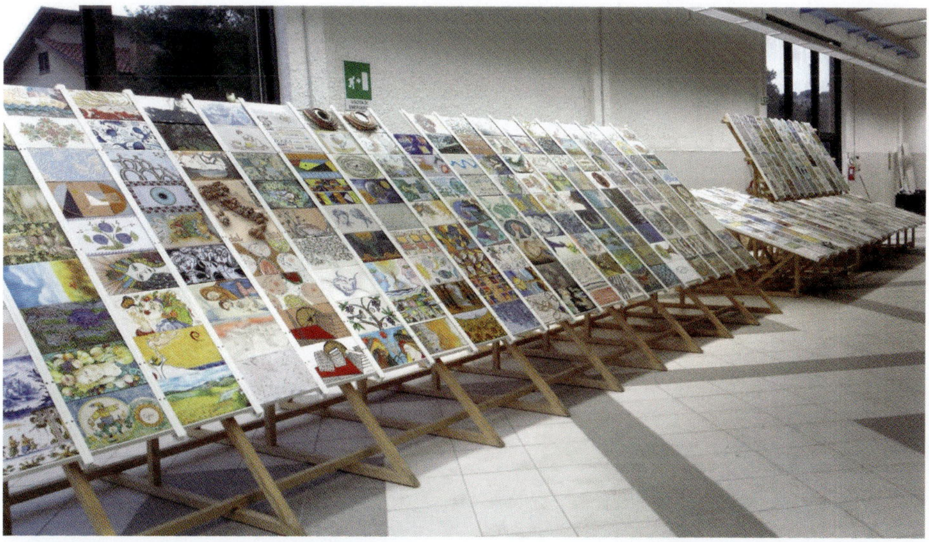

Fig. 6. *Il Terzo Cielo*, 1954. Liceo artistico "Francesco Antonio Grue", Castelli.
Fig. 7. *Il Cielo d'Italia*, esposizione del 2015 presso il Parco della scienza di Teramo.

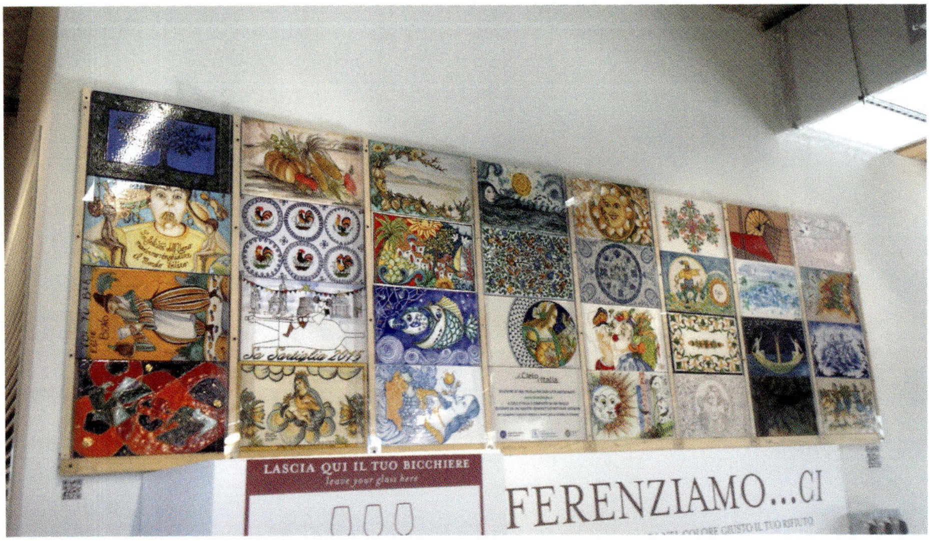

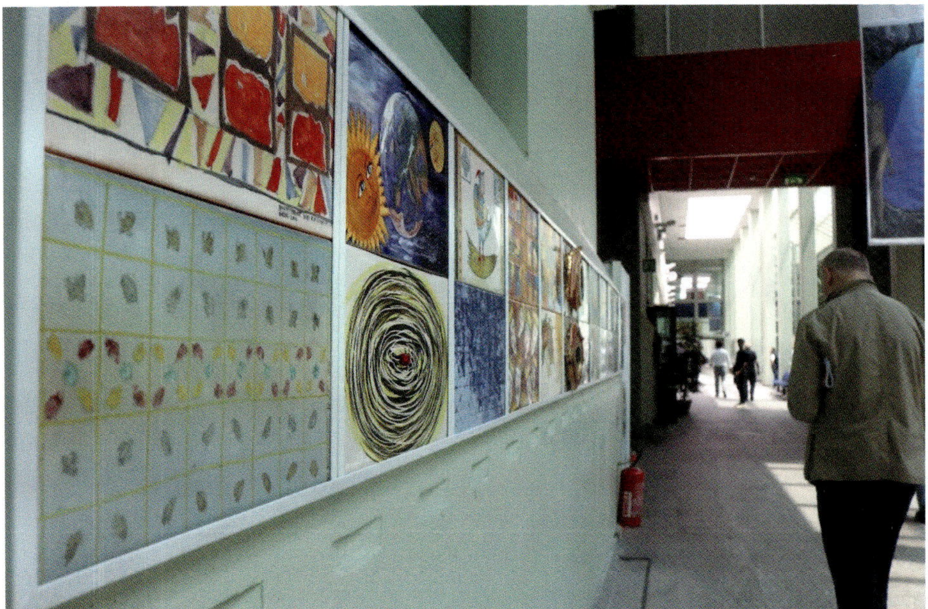

Fig. 8. *Il Cielo d'Italia*, selezione di tavelle esposte nel 2015 in occasione dell'Esposizione universale di Milano.
Fig. 9. *Il Cielo d'Italia*, Università degli Studi di Teramo, polo didattico "Gabriele D'Annunzio".

II
Sistema

Paola Casta

Mostre-mercato della ceramica. L'esperienza di Faenza con *Argillà Italia* e *Made in Italy*

Premessa

Questa breve analisi ha l'obiettivo di delineare le principali caratteristiche delle mostre-mercato della ceramica e proporre una riflessione sul significato e sull'impatto di questi eventi sul mercato e sul sistema della ceramica artistica e artigianale, inteso come «un insieme di attori e istituzioni reciprocamente interconnessi e interagenti tra loro e con l'ambiente esterno, che reagisce o evolve come un tutto, con proprie leggi generali».[1]

L'analisi è stata presentata in occasione del convegno "Ceramica: visioni artistiche e progetti", nella sessione dedicata a *Comunicazione, valorizzazione e rinnovamento dei processi*: come cercherò di mettere in luce, ritengo che le mostre-mercato della ceramica possano essere considerate come un elemento di processo all'interno del sistema della ceramica, come momenti utili al funzionamento stesso del sistema, che forniscono agli attori occasioni di costruzione e sviluppo del proprio capitale simbolico, sociale e relazionale, che contribuiscono all'affinamento del gusto (*cultivation of taste*) e in ultima analisi alla creazione di valore nel mercato.

A livello "geografico", il contesto considerato è quello europeo, con un focus sulla situazione italiana, utilizzando come casi di studio le due mostre-mercato organizzate a Faenza, *Argillà Italia* e la più recente *Made in Italy*.

Tra le premesse, è importante sottolineare il fatto che non esistono ad oggi una letteratura e degli studi specifici sull'argomento, motivo per cui è stato importante presentare questa analisi in un contesto universitario, luogo ideale per l'avvio e lo sviluppo di nuovi percorsi di approfondimento e ricerca su questo tema, che può essere studiato attraverso diverse prospettive, quella dell'economia e del marketing, quella della comunicazione, ma anche da un punto di vista sociologico e storico-artistico. D'altra parte, la conseguenza della mancanza di letteratura specifica è che questo mio contributo è quasi interamente basato sulla mia esperienza, che a livello personale e professionale mi ha portato nel tempo

1. Paola Casta, *Ceramica e nuove imprese a Faenza. Artigiani contemporanei e ricambio generazionale nel sistema faentino della ceramica*, Faenza, Homeless Book, 2018, p. 87.

a organizzare, visitare e conoscere le mostre-mercato della ceramica in Italia e in Europa. Il mio approccio è dunque quello di rileggere questa mia esperienza attraverso gli strumenti dell'economia e del marketing delle industrie culturali e creative, proponendo una prima categorizzazione delle mostre-mercato della ceramica e analizzandole come processi del mercato e del sistema della ceramica artistica e artigianale.

1. *Mostra e mercato*

La mia analisi parte dalla definizione, ovvero dal fatto che per descrivere questi eventi si utilizzino insieme le due parole *mostra* e *mercato*, sottolineando come questi due aspetti siano entrambi presenti e, anzi, dotati di ruolo e importanza.

1.1. *Mercato*

Le mostre-mercato della ceramica sono prima di tutto dei mercati, ovvero dei luoghi di incontro fra la domanda e l'offerta di ceramica artistica e artigianale. Nello specifico, sono principalmente luoghi di relazione *Business to Consumer* (B2C), in cui si sviluppano relazioni e scambi fra le aziende (in questo caso, i ceramisti che producono ceramica) e i consumatori finali. In alcuni casi, possono essere anche luoghi di relazione *Business to Business* (B2B), in cui le aziende scambiano prodotti, servizi o informazioni con altre aziende: è il caso, ad esempio, di aziende che realizzano prodotti ceramici semilavorati o servizi per altre aziende ceramiche (ad esempio, tornianti e formatori, che realizzano oggetti al tornio e stampi, che non vendono direttamente al consumatore finale ma ad altri ceramisti), oppure di aziende che si occupano della vendita di materie prime (argilla, smalti, etc.) e/o strumenti per la lavorazione della ceramica (forni, torni, etc.); inoltre, i ceramisti possono sviluppare relazioni anche con gallerie, negozi, distributori e altri soggetti che sono interessati ad acquistare i prodotti non per un utilizzo personale, ma per commercializzarli.

È importante sottolineare come la dimensione prevalente sia comunque quella del rapporto con il consumatore finale (B2C), elemento che differenzia le mostre-mercato dalle fiere di settore, in cui invece l'unica dimensione presente è quella B2B, in cui i produttori sviluppano relazioni con altre aziende, principalmente distributori e rivenditori, che sono interessati a commercializzare le produzioni. Si tratta di occasioni importanti, anche in ambito ceramico, per espandere il proprio mercato e trovare nuovi sbocchi: l'esempio più significativo a livello europeo è rappresentato da *Maison&Objet*, grande fiera internazionale dedicata ai professionisti della decorazione di interni e al lifestyle, che si svolge Parigi in due appuntamenti annuali (gennaio e settembre), in cui gli espositori (offerta) sono aziende che si occupano di decorazione, design, arredamento, accessori, tessuti, fragranze, prodotti per l'infanzia, articoli per la tavola e altri prodotti per la casa, mentre il pubblico (domanda) è rappresentato da altre aziende e professionisti (rivenditori, distributori, architetti, designer d'interni, arredatori, etc.) alla ricerca di nuovi prodotti e fornitori, come specificato nel dettaglio dai dati statistici pubblicati da *Maison&Objet*.[2]

1.1.1. *L'offerta di ceramica artistica e artigianale*

Tornando alle mostre-mercato della ceramica, in particolare analizzandole come momenti di "mercato", vale la pena soffermarsi in primo luogo sulla composizione dell'offerta che è possibile trovare in questi eventi, ovvero rispondere alla domanda: quali caratteristiche hanno le imprese che compongono l'offerta di ceramica artistica e artigianale nel contesto europeo? Si tratta di una domanda relativamente semplice a cui però è molto complesso dare una risposta altrettanto semplice e chiara, in quanto, da un lato, pochi sono gli studi che approfondiscono il tema e, dall'altro, l'analisi di dati sulle imprese è complicata dal fatto che molte aziende ceramiche, che si muovono tra artigianato, arte e design, non rientrano nella classica categorizzazione dei codici ATECO (facendo riferimento al caso italiano), rendendo parziale e non esaustiva l'elaborazione di tali dati. Tuttavia, alcune ricerche recenti hanno messo in luce alcuni aspetti comuni, che possiamo assumere quali elementi caratterizzanti l'offerta di ceramica artistica e artigianale.

Il progetto *Crafting Europe* (2022),[3] dedicato all'artigianato in genere in Europa, ha messo in luce come l'offerta sia rappresentata da piccole imprese, di cui la maggior parte formate da un solo artigiano o con un numero di dipendenti da 2 a 5: circa l'84% delle imprese artigiane oggetto dello studio corrisponde a imprese individuali, mentre il 73% ha dichiarato di esercitare la propria attività senza alcun dipendente o collaboratore; inoltre, lo studio evidenzia come la tradizione familiare sia un elemento caratterizzante, e come di conseguenza il passaggio generazionale sia una delle criticità che le imprese artigiane europee si trovano ad affrontare.[4]

Nel 2019, il progetto *Mater Ceramica*[5] ha avuto il merito di realizzare un'analisi specifica sul settore della ceramica artistica e artigianale in Italia, confermando come l'offerta sia in sostanza una "nicchia" di produttori, dominata in prevalenza da aziende di micro e piccole dimensioni, con una media di 3,2 addetti. La piccola o piccolissima dimensione comporta una redditività medio-bassa per queste imprese: il 54,7% sviluppa un fatturato annuale minore di 50.000 euro, il 24% fra 50.000 e 200.000 euro, il 7.7% tra 200.000 e 400.000 euro, il 6,6% tra 400.000 e un milione di euro, e solo il 6,9% ha un fatturato che supera il milione di euro.[6]

2. Dati e statistiche sugli espositori e visitatori di *Maison&Objet* sono disponibili sul sito https://www.maison-objet.com/.

3. https://www.craftingeurope.com.

4. Crafting Europe, *The Craftsmanship Sector in Europe*, 2022, disponibile sul sito https://www.craftingeurope.com/wp-content/uploads/2022/11/European-Craft-Sector-report_FINAL.pdf, pp. 21-22.

5. https://materceramica.org.

6. Associazione italiana città della ceramica *et al.*, *La ceramica artistica in Italia. Imprese, luoghi, scenari e prospettive*, Firenze, Polistampa, 2019, pp. 21-30.

1.1.2. *La domanda di ceramica artistica e artigianale*

Se da un lato l'offerta è quindi formata da piccoli produttori, quali sono invece le caratteristiche della domanda di ceramica artistica e artigianale? In altre parole, chi sono e quali caratteristiche hanno i visitatori – clienti e potenziali clienti – delle mostre-mercato della ceramica?

Anche in questo caso, purtroppo non sono molti gli studi e le ricerche cui potere fare riferimento. Secondo l'analisi sviluppata da *Crafting Europe*, il 73% della domanda di prodotti artigianali in Europa è formata da persone fra i 35 e i 60 anni:[7] sulla base della mia esperienza personale, posso aggiungere che questo target di età corrisponde tendenzialmente a un gruppo di persone con potere di acquisto medio-alto, interessato all'acquisto di ceramica per la propria casa, generalmente di proprietà. Entrando nello specifico della ceramica artistica e artigianale, *Mater Ceramica* ha evidenziato come il 31% della domanda delle imprese italiane sia formata privati (B2C); seguono i canali B2B, con il commercio al dettaglio (20%), e con percentuali inferiori la vendita a commercianti all'ingrosso e ad altre imprese ceramiche (circa 13%).[8] Da un punto di vista geografico, la domanda delle imprese italiane è prevalentemente nazionale, anche se l'analisi dei dati fa emergere una tendenza, seppure lenta, ad allargare il bacino territoriale di riferimento, espandendolo sia a livello nazionale sia a livello internazionale,[9] come mostrato nella Tabella 1 e nel Grafico 1.

1.2. *Mostra*

Come sopra anticipato, possiamo analizzare le mostre-mercato anche in quanto mostre, utilizzate dai ceramisti espositori come strumento di comunicazione e visibilità e non solo come momento di mercato. Alle mostre-mercato, infatti, i ceramisti partecipano non solo o non necessariamente per vendere la propria produzione: questi eventi sono invece considerati come occasione per comunicare con il sistema della ceramica e fare conoscere la propria produzione, rappresentano un punto di contatto fondamentale con il pubblico e con gli altri agenti coinvolti nella costruzione del valore, quali i critici, gli esperti e le altre imprese. Questa dimensione "altra" rispetto alla vendita pura deriva dal fatto che la ceramica artistica e artigianale è un tipico prodotto *experience*, e condivide questa caratteristica con i prodotti delle industrie creative e culturali.

Seppure brevemente, è importante soffermarsi sulle caratteristiche dei prodotti *experience*, in quanto questo è un elemento centrale nell'analisi del ruolo delle mostre-mercato come processi all'interno del sistema e del mercato della ceramica.

7. Crafting Europe, *The Craftsmanship Sector in Europe*, disponibile sul sito https://www.craftingeurope.com/wp-content/uploads/2022/11/European-Craft-Sector-report_FINAL.pdf, pp. 54-56.

8. Associazione italiana città della ceramica *et al.*, *La ceramica artistica in Italia*, pp. 40-41.

9. Ivi, p. 42.

Tab. 1. Andamento aree di mercato nazionali per il quadriennio 2012-2015 (frequenze percentuali)

Area	2012	2013	2014	2015
Nazionale	93,4	93,4	93,3	92,3
Comune	17,8	17,2	17,0	13,7
Provincia	22,6	23,5	23,0	20,7
Fino a tre regioni	27,3	27,4	27,4	28,7
Oltre a tre regioni	25,7	25,3	26,0	29,3

Fonte: Associazione italiana città della ceramica *et al.*, *La ceramica artistica in Italia*, p. 42.

Grafico 1. Andamento fatturato medio derivante da esportazioni per il quadriennio 2012-2015, valori percentuali

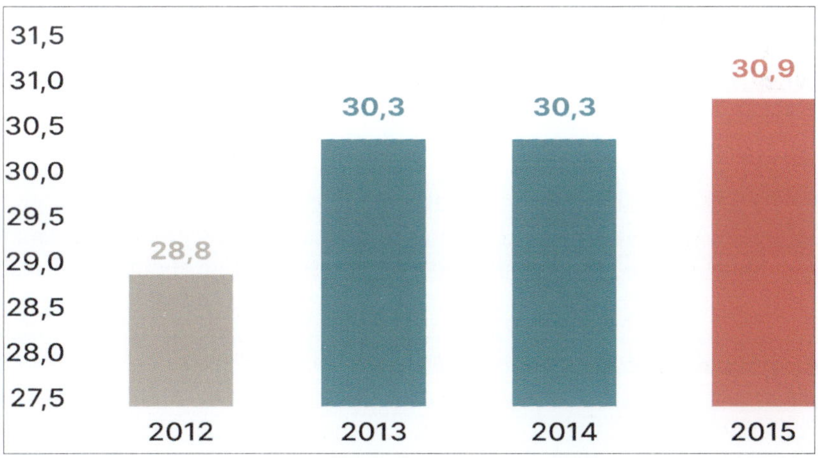

Fonte: Associazione italiana città della ceramica *et al.*, *La ceramica artistica in Italia*, p. 42.

Il prodotto *experience* è definito nel marketing in opposizione al prodotto *search*, per il quale il consumatore riesce a farsi un'idea della qualità prima dell'utilizzo del prodotto stesso, semplicemente raccogliendo informazioni sulle sue caratteristiche oggettivamente misurabili. La ceramica artistica e artigianale, al contrario, è un prodotto *experience*, in cui gli attributi non sono associabili oggettivamente alla qualità e l'unica possibilità per avere una idea della qualità è dunque farne esperienza diretta: di conseguenza, per i prodotti *experience* i clienti tendono ad utilizzare indicatori di qualità soggettivamente definiti (recensioni, esperti e critici) e a dare un grande valore alla prova del prodotto, che costituisce una parziale anticipazione dell'esperienza. Si tratta di prodotti per cui la reputazione degli attori è una proprietà fondamentale delle relazioni di mercato e per cui i clienti necessitano di tempo da dedicare all'esperienza del prodotto.[10]

Se osserviamo le mostre-mercato tenendo presente la prospettiva del prodotto ceramico come prodotto *experience*, appare evidente come queste rappresentino occasioni fondamentali di relazione, in cui i ceramisti si occupano della costruzione e del consolidamento del proprio capitale simbolico, sociale e relazionale, ovvero della propria reputazione nel sistema. Dall'altra parte, si tratta di occasioni di "formazione" per il pubblico, di momenti in cui i clienti (effettivi e potenziali) possono toccare con mano i prodotti, conoscere i produttori e avere dunque una parziale anticipazione dell'esperienza: è il processo di affinamento del gusto (*cultivation of taste*), fondamentale nel consumo dei beni e servizi delle industrie creative e culturali, in cui il tempo dedicato all'attività di consumo permette al cliente di sviluppare una maggiore esperienza e competenza su quel prodotto/servizio, rendendo più definite le preferenze.

In questo senso, le mostre-mercato della ceramica sono non solo un momento di mercato, di vendita, ma anche e soprattutto un momento di creazione del valore nel mercato, in cui non solo la domanda incontra l'offerta, ma anche la domanda incontra la domanda, l'offerta incontra l'offerta e in definitiva gli attori del mercato si incontrano e costruiscono relazioni. D'altra parte, come sottolinea Gabriele Troilo, nei settori creativi i processi di produzione del valore non sono lineari, ma sono invece rappresentabili come una "rete" del valore (*value network*): il modello della rete del valore risulta infatti «più efficace nel rappresentare i processi di interazione fra i vari attori, la cui combinazione e integrazione permette la generazione di valore per il cliente finale», ovvero è la rete che produce valore.[11]

2. *Mostre-mercato della ceramica in Europa*

Per approfondire il ruolo delle mostre-mercato della ceramica all'interno del sistema e del mercato della ceramica, è utile analizzare gli elementi chiave

10. Gabriele Troilo, *Marketing nei settori creativi. Generare valore per il cliente tramite l'esperienza della creatività*, Milano, Pearson, 2014, pp. 8-9.
11. Ivi, p. 30.

che accomunano queste tipologie di eventi nel contesto europeo (differenziando l'ambito mitteleuropeo da quello mediterraneo), e ricercare, in queste caratteristiche, alcuni meccanismi di funzionamento della rete del valore, come messo in luce nel paragrafo precedente.

2.1. *Elementi essenziali e aggiuntivi*

Le mostre-mercato della ceramica sono eventi che mediamente hanno una durata di 2 o 3 giorni, e nella maggior parte dei casi si svolgono all'aperto, in centri urbani, con un certo numero di ceramisti che espongono e vendono la propria produzione, ognuno nel proprio stand espositivo. Prevedono tendenzialmente una selezione degli espositori, e presentano spesso una dimensione internazionale, con espositori provenienti anche dall'estero. Da un punto di vista del prodotto, possono essere identificati due filoni principali: quello della ceramica artistica e quello della ceramica artigianale (*pottery*), ambiti che molto spesso si sovrappongono e non sono separabili distintamente nella produzione del singolo ceramista.

A fianco di questi elementi, che possiamo definire come essenziali per avere una mostra-mercato della ceramica, vi sono altri aspetti "aggiuntivi", che possono arricchire e strutturare ulteriormente questo tipo di eventi. Si tratta, da un lato, della presenza di un programma culturale di eventi, mostre e altri elementi che vanno a comporre la cosiddetta dimensione del "festival" ceramico, accanto agli espositori; dall'altro, gli espositori possono essere non solo ceramisti, ma anche espositori "tecnici", ovvero fornitori, contoterzisti, aziende che commercializzano materie prime e attrezzature per la produzione ceramica, stampa di settore, gallerie, distributori, operatori, istituzioni ed enti che sono attivi nel sistema della ceramica.

2.2. *Ambito mitteleuropeo*

Da un punto di vista geografico, le mostre-mercato della ceramica sono molto diffuse e radicate nell'ambito mitteleuropeo, con una presenza da oltre 30 anni.

In questo contesto, si inseriscono nella tradizione del "mercato di piazza" come occasione per valorizzare attività e produttori locali (e non solo), di cui sono esempi molto conosciuti i *Christmas markets* e i *Farmers Markets*.

Inoltre, a differenza del contesto mediterraneo (come si vedrà successivamente), in questi paesi vi sono città con una antica e forte tradizione ceramica, ma si tratta di centri prevalentemente legati alla presenza di una tradizione manifatturiera di medio-grande dimensione, e non di piccoli laboratori e botteghe artigiane.

Infine, in questi paesi, la presenza di un mercato di piazza è spesso intesa quale elemento qualificante di una vacanza o comunque del tempo libero, associata anche a un contesto paesaggistico di particolare bellezza e pregio.

Tra le principali mostre-mercato della ceramica che possiamo fare rientrare nell'ambito mitteleuropeo troviamo:

– Gmunden (Austria), 35° edizione;
– Höhr-Grenzhausen (Germania), 43° edizione;
– Oldenburg (Germania), 40° edizione;
– Bolesławiec (Polonia), 29° edizione,
– Lione (Francia), 38° edizione;
– Parigi, Saint-Sulpice (Francia), 27° edizione.

2.3. *Ambito mediterraneo*

Nei paesi dell'Europa mediterranea, le mostre-mercato della ceramica hanno avuto una diffusione più recente: in questi paesi, la tradizione ceramica vede la presenza di città e piccoli borghi legati alla presenza di laboratori e botteghe artigiane, in cui, come ha confermato la ricerca condotta nell'ambito del progetto *Mater Ceramica*, la "bottega", localizzata generalmente nei centri storici e nei "quartieri della ceramica" di città di antica tradizione ceramica, rappresenta il principale luogo di contatto fra artigiano e cliente; lo stesso studio ha messo in luce come il secondo punto di contatto tra artigiani ceramisti e clienti siano proprio le "fiere mercato" e le "feste della ceramica".[12] Sulla base della mia esperienza, gli espositori delle mostre-mercato della ceramica provengono infatti principalmente da città che non hanno una tradizione ceramica, che cercano quindi nelle mostre-mercato della ceramica un canale per approcciare il mercato e creare relazioni nel sistema della ceramica.

Tra le principali mostre-mercato della ceramica che possiamo fare rientrare nell'ambito mediterraneo troviamo:

– *Argilla France*, Aubagne, Francia (prima edizione 1991);
– *Argillà Italia*, Faenza (prima edizione 2008);
– *Argilla Argentona*, precedentemente *Fira del Cantir*, Spagna (prima edizione 1951);
– varie mostre-mercato nel Sud della Francia/Provenza.

In Italia, la principale mostra-mercato della ceramica è rappresentata da *Argillà Italia*, a Faenza, l'unica dotata di una dimensione fortemente internazionale; altri esempi importanti sono la *Fiera della Ceramica* di Firenze (24° edizione), il *Festival della Ceramica* di Verona (5° edizione), *Made in Italy* a Faenza (3^ edizione), a cui si aggiungono altre mostre-mercato di minore importanza come quelle che si svolgono a Nove, Montelupo Fiorentino, Cutrofiano, Castelli.

2.4. *Regno Unito, un caso particolare*

In Europa, un caso particolare è rappresentato dal Regno Unito, paese in cui alla ceramica viene destinata una crescente attenzione, testimoniata anche dalla presenza di un programma televisivo sulla principale emittente nazionale (BBC) dedicato a una competizione tra tornianti. Nel Regno Unito, l'artigianato è ogget-

12. Associazione italiana città della ceramica *et al.*, *La ceramica artistica in Italia*, pp. 71-77.

to dell'attività del Crafts Council, agenzia nazionale sostenuta dall'Arts Council, che nell'ambito del suo operato a sostegno degli artigiani inglesi organizza proprio una fiera, *Collect*, dedicata all'artigianato e al design contemporanei, in cui gli espositori sono gallerie (non ceramisti e artisti in prima persona, come nel caso delle mostre-mercato).

Il Regno Unito è sede di grandi eventi/festival dedicati all'artigianato e alla ceramica in particolare, tra cui ricordiamo *Ceramic Art London*, *London Craft Week* e *British Ceramics Biennial*; numerose sono però anche le mostre-mercato della ceramica, di piccola-media dimensione, tra cui quelle che rientrano nel marchio *Potfest*,[13] che dal 1994 unisce nove mostre-mercato della ceramica che si svolgono per lo più in località di campagna, fuori da centri urbani, caratterizzate da particolare rilievo dal punto di vista naturalistico e paesaggistico, di carattere prevalentemente nazionale.

3. *Le esperienze di* Argillà Italia *e* Made in Italy *a Faenza*

Come specificato in premessa, la mia esperienza professionale mi ha portato ad occuparmi dell'organizzazione prima di *Argillà Italia* e poi di *Made in Italy* a Faenza, ragione per cui posso utilizzare queste due mostre mercato come focus e approfondimento del mio intervento, nell'ambito dell'analisi delle mostre-mercato quali processi di primaria importanza all'interno del sistema della ceramica.

3.1. *Argillà Italia*

Argillà Italia nasce come mostra-mercato e festival della ceramica nel 2008 a Faenza, sviluppandosi come spin-off dalla manifestazione francese *Argilla*, che si tiene ad Aubagne, nei pressi di Marsiglia, dal 1991, portando avanti l'alta qualità degli espositori, del pubblico e del programma culturale, con l'obiettivo di offrire uno sguardo internazionale sulla produzione ceramica contemporanea. Si tratta di una manifestazione del Comune di Faenza, che si svolge con cadenza biennale il primo fine settimana di settembre: il cuore di *Argillà Italia* è la mostra-mercato della ceramica per le strade del centro storico di Faenza, con circa 200 espositori (di cui il 50% stranieri), selezionati da una giuria, che presentano la loro produzione di ceramiche artistiche e artigianali, spaziando tra arte, scultura, design, complementi d'arredo, oggetti per la casa e accessori moda; partecipano ad *Argillà Italia*, inoltre, oltre 50 espositori tecnici. Numerosi sono poi gli eventi culturali a fianco della mostra mercato, che compongono la "dimensione festival", tra cui il *Mondial Tornianti* (storica competizione internazionale di tornio), mostre, spettacolari cotture notturne nei forni all'aperto, concerti, attività ceramiche per bambini, laboratori, workshop e conferenze.

13. https://potfest.co.uk.

La mostra-mercato ha una durata di due giorni e mezzo (venerdì pomeriggio, sabato e domenica), mentre la dimensione "festival" estende di fatto l'evento a tutta la settimana precedente, concentrandosi naturalmente nel fine settimana.

Argillà Italia si è affermata come uno dei principali festival della ceramica a livello europeo: un appuntamento di grande richiamo per gli appassionati e il pubblico, ma anche un momento importante di incontro e confronto tra gli operatori del sistema della ceramica e un'occasione unica per fare rete a livello nazionale e internazionale, a cui partecipano operatori, critici ed esperti del sistema della ceramica. Un esempio concreto di questo è la cena che, in occasione di *Argillà*, viene organizzata al Museo internazionale delle ceramiche di Faenza, a cui sono invitati i ceramisti ed i tecnici espositori, le delegazioni internazionali e gli altri operatori del sistema della ceramica presenti a Faenza nei giorni della mostra-mercato: si tratta di un "evento nell'evento", un momento di incontro e confronto, in cui gli attori del sistema hanno modo di lavorare sul proprio capitale relazionale (cosa che continueranno a fare durante la mostra-mercato, nel proprio stand espositivo, mentre incontrano anche il pubblico).

Come altre consolidate e strutturate mostre-mercato della ceramica, *Argillà Italia* è un evento di processo organico al sistema della ceramica, che si svolge non a caso a Faenza, città dotata di un proprio sistema della ceramica[14] in cui operano diversi attori, musei, critici, esperti, scuole e istituzioni della formazione e della ricerca, ceramisti, artisti, che insieme costituiscono uno degli elementi di attrazione nei giorni di *Argillà*. La presenza di *Argillà Italia* è poi molto significativa, per le stesse ragioni, per il sistema della ceramica di Faenza, in quanto si tratta di un evento che, al di là del grande successo di pubblico e commerciale, rappresenta un momento di grande apertura e visibilità internazionale sia dei singoli operatori (dagli artigiani ai musei), sia del sistema e dell'immagine di Faenza nel suo complesso, in cui anche gli operatori faentini hanno modo di consolidare il proprio capitale sociale e simbolico.

Gli altri elementi di attrazione sono la "dimensione festival" e quella "internazionale": pur non tralasciando il carattere di mercato e della vendita, fondamentale per i ceramisti che partecipano, altrettanto importante per gli operatori della ceramica è "esserci", mostrare la propria produzione, partecipare attraverso una mostra personale o collettiva o anche semplicemente, in molti casi, come visitatori.

Come si evince dal Grafico 3, gli espositori di *Argillà* partecipano non solo perché ritengono particolarmente convincente l'affluenza del pubblico, ma anche per l'ambiente e l'atmosfera, per la quantità e qualità degli eventi presenti nel programma culturale e per la visibilità e la comunicazione che ne deriva.

Da un punto di vista delle vendite, è comunque significativo che il 31% del pubblico partecipante abbia dichiarato una spesa, effettiva o prevista, tra i 50 e i 99 euro (Grafico 4).

14. Un approfondimento sul sistema della ceramica di Faenza si può trovare in Casta, *Ceramica e Nuove Imprese a Faenza*, pp. 87-190.

Grafico 3. *Argillà Italia* 2022, principali punti positivi per gli espositori

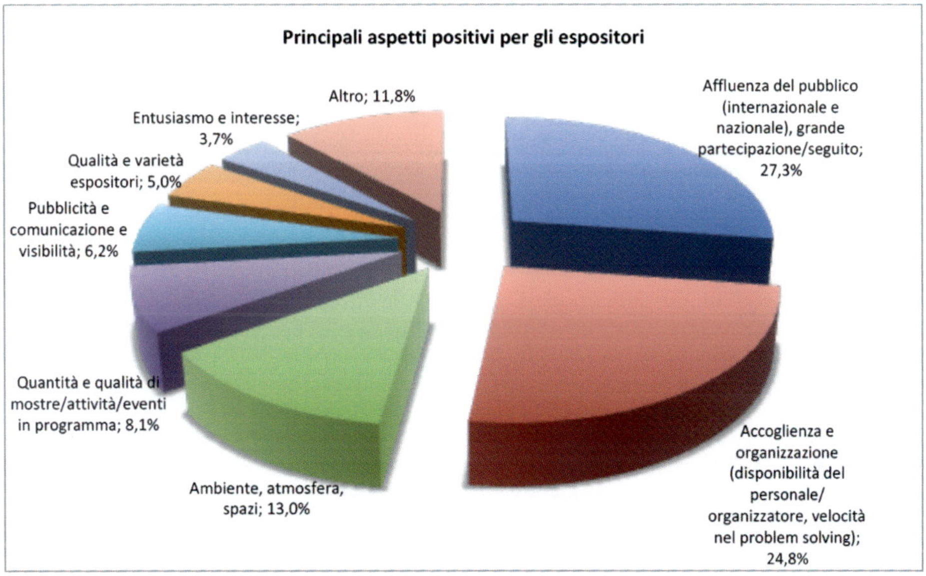

Fonte: *Argillà Italia* 2022. Report consuntivo (a cura di JCF).

Grafico 4. Quanto ha speso o prevede di spendere in ceramica?

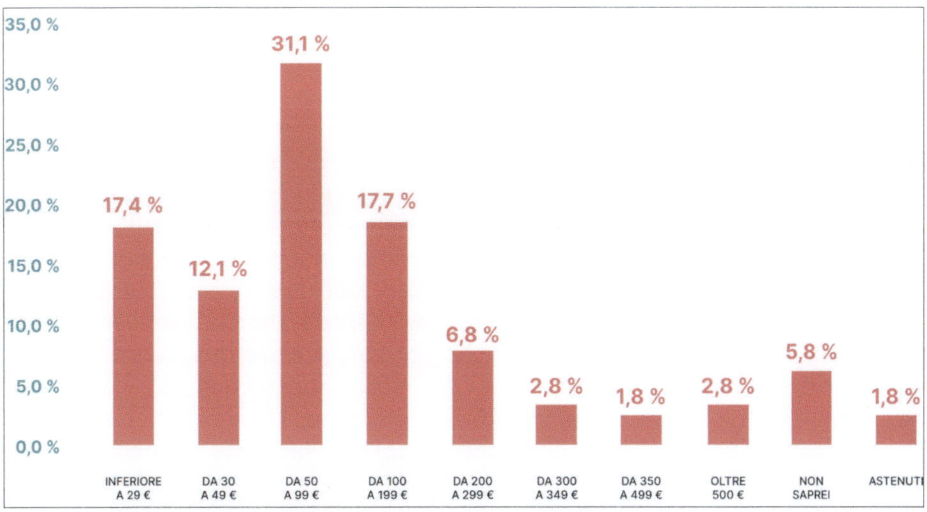

Fonte: *Argillà Italia* 2022. Report consuntivo (a cura di JCF).

3.2. *Made in Italy*

La prima edizione di *Made in Italy*, mostra-mercato della ceramica italiana, si è tenuta a Faenza nei giorni 5 e 6 settembre 2020, nel contesto della pandemia Covid che aveva imposto l'annullamento di *Argillà Italia*, prevista nelle stesse date, in quanto la dimensione internazionale dell'evento non poteva essere garantita a causa delle restrizioni imposte dall'emergenza sanitaria. Il Comune di Faenza decise quindi di sperimentare una prima "edizione straordinaria" di *Made in Italy*, per colmare il vuoto lasciato dalla cancellazione di *Argillà*, focalizzato su un target nazionale e sulla mostra-mercato (con una "dimensione festival" molto meno rilevante e senza la presenza di espositori tecnici, rispetto ad *Argillà*), con circa 100 ceramisti italiani nelle due piazze principali del centro storico; nella prima edizione, i ceramisti partecipanti furono quelli già selezionati dalla giuria di *Argillà Italia*, prima della pandemia.

All'edizione "straordinaria" del 2020 seguì quella dell'anno successivo, con lo stesso format (aggiungendo una specifica selezione dei ceramisti partecipanti), consentendo di garantire maggiori condizioni di sicurezza nell'ambito della pandemia, ed esercitando comunque un buon richiamo in città di visitatori e turisti. Verificata e consolidata la validità del format e l'apprezzamento da parte della città e del pubblico, a partire dall'edizione 2023 *Made in Italy* è diventato un evento fisso del calendario culturale, a cadenza biennale, negli anni dispari, che si alterna con le edizioni di *Argillà Italia*: si tratta di una mostra-mercato classica, della durata di 2 giorni (sabato e domenica), che non è posta in competizione con *Argillà Italia* ma che sta trovando, e dovrà sempre di più sviluppare, una sua autonoma dimensione nel panorama delle mostre-mercato italiane della ceramica. Dopo le prime edizioni è ancora presto per fare un bilancio "consolidato", anche perché l'edizione 2023 si configura come la prima non "straordinaria", ma appare chiaro agli organizzatori (Comune di Faenza) che *Made in Italy* offre ad esempio alcuni elementi peculiari, rispetto ad *Argillà Italia*: la dimensione più raccolta e il numero ridotto di espositori permette infatti occasioni di dialogo e confronto più approfondite tra ceramisti e operatori della ceramica, che hanno dimostrato apprezzamento per il fatto di avere una ulteriore occasione di scambio e quindi di costruzione e sviluppo del proprio capitale relazionale. Da un punto di vista organizzativo, andrà sicuramente tenuto monitorato il tema della qualità del pubblico e delle vendite per i ceramisti, aspetti comunque fondamentali per garantire la continuità della partecipazione da parte degli espositori: il fatto che ora a Faenza ci sia una mostra-mercato ogni anno diminuisce – almeno teoricamente – il potere di acquisto dei clienti, che a livello generale si trovano a dovere dividere il proprio budget di spesa "biennale" su due mostre-mercato, invece che poterlo concentrare interamente su *Argillà Italia*. D'altra parte, *Made in Italy* è un nuovo importante tassello nel processo di affinamento del gusto del pubblico, che ha una opportunità in più per fare esperienza della ceramica e aumentare la propria soddisfazione: come esposto in precedenza, essendo la ceramica artistica e artigianale un bene *experience*, «la soddisfazione che i consumatori possono trarre dal consumo di un prodotto ad elevato contenuto creativo è funzione del tempo che possono dedicare al consumo».[15]

Alcune conclusioni

L'obiettivo di questo breve intervento era stimolare una riflessione, anche attraverso i due esempi pratici di *Argillà Italia* e *Made in Italy* a Faenza, sul ruolo delle mostre-mercato della ceramica quali processi importanti all'interno del mercato e del sistema della ceramica che facilitano la relazione fra i diversi attori, rappresentano occasioni di costruzione e consolidamento del capitale simbolico, sociale e relazionale per tutti gli operatori (non solo per i ceramisti) e sono momenti di formazione del pubblico e affinamento del gusto, costituendo a tutti gli effetti momenti importanti di creazione del valore. Si tratta di un tema molto vasto, che sarebbe molto interessante approfondire, sia da un punto di vista teorico sia con una ricerca sul campo, in modo da proporre un confronto fra diverse mostre-mercato europee e italiane, creando così un primo nucleo di ricerca su questa tipologia di eventi che, seppure con differenze fra i diversi paesi e contesti geografici, si delineano nel panorama europeo con caratteristiche e aspetti comuni, che permettono di studiarle approcciandole come fenomeno definito e unitario.

15. Troilo, *Marketing nei settori creativi*, p. 9.

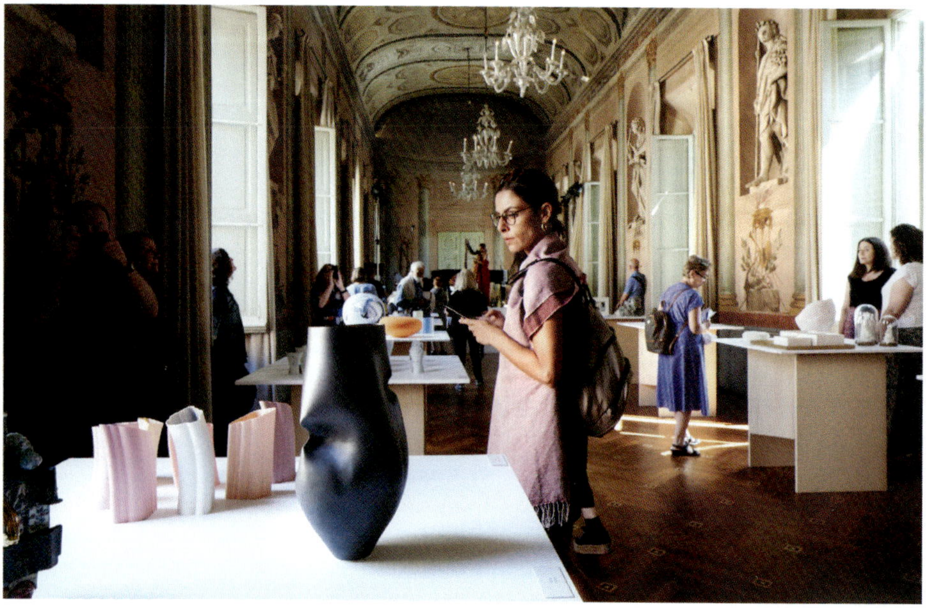

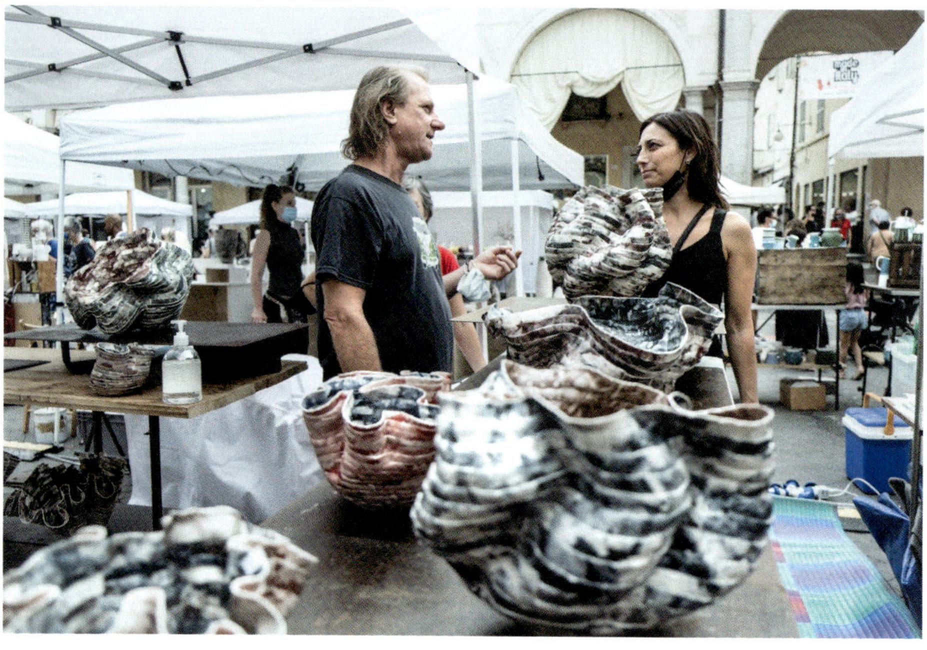

Fig. 1. *Argillà Italia* 2022, Faenza. Una delle mostre ufficiali, dedicata al Paese Ospite (Irlanda), al Ridotto del Teatro Comunale A. Masini. Photo courtesy Andrea Piffari.
Fig. 2. *Made in Italy* 2021, Faenza. La seconda edizione della mostra mercato della ceramica italiana allestita nel centro storico della città. Photo courtesy Stefano Poggi.

Benedetta Diamanti

La *European Route of Ceramics* quale strumento del Consiglio d'Europa per la valorizzazione del patrimonio culturale legato alla ceramica: azioni e progetti

La *European Route of Ceramics* è un itinerario culturale riconosciuto e certificato dal Consiglio d'Europa, che si ripropone di valorizzare a livello europeo il patrimonio materiale ed immateriale legato alla ceramica e, al tempo stesso, di promuovere i valori che sono alla base del Consiglio d'Europa, così come previsto dal relativo programma.

1. *Gli Itinerari culturali del Consiglio d'Europa*

Il programma degli Itinerari culturali è stato avviato dal Consiglio d'Europa nel 1987 con la dichiarazione di Santiago di Compostela.[1] All'interno di tale dichiarazione gli Itinerari culturali vengono delineati come un invito al viaggio e alla scoperta del ricco patrimonio culturale europeo: essi nascono pertanto con lo scopo di creare una rete europea di luoghi e di persone, legati tra loro da una storia e un patrimonio culturale comune, che costituisce la tematica identitaria condivisa, caratteristica dei luoghi che sono attraversati da ogni itinerario.[2]

Altro aspetto fondamentale degli Itinerari culturali è di essere strumenti di promozione dei valori del Consiglio d'Europa: gli Itinerari culturali del Consiglio d'Europa sono infatti veri e propri network internazionali che promuovono i valori e i principi alla base di tutte le politiche del Consiglio d'Europa, e cioè i diritti umani, la democrazia culturale, la diversità culturale, il dialogo e la comprensione reciproca, gli scambi interculturali transfrontalieri.

1. *The Santiago de Compostela Declaration* (1987), consultabile all'indirizzo https://web.archive.org/web/20190712213150/http:/culture-routes.net/sites/default/files/files/1987_COMPOSTELA_DECLARATION.pdf. Consultato il 10 settembre 2024.

2. Eleonora Berti, *Itinerari Culturali del Consiglio d'Europa. Tra ricerca di identità e progetto di paesaggio*, Firenze, Firenze University Press, 2012; Eleonora Berti, *Defining the Cultural Routes of the Council of Europe*, in Eleonora Berti *et al.*, *Cultural Routes Management. From Theory to Practice. Step-by-step Guide to the Council of Europe Cultural Routes*, Strasbourg, Council of Europe Publishing, 2015, pp. 14–22; Stefano Dominioni, Michele Giacomelli, *Gli Itinerari Culturali del Consiglio d'Europa. Un patrimonio europeo / The Cultural Routes of the Council of Europe. A European Heritage*, Luxembourg, Presidency of Italy, Council of Europe, 2021.

A settembre 2024 si contano 48 Itinerari culturali certificati del Consiglio d'Europa, i quali offrono attività culturali e formative varie e numerose, rivolte sia ai cittadini europei che extraeuropei. Essi rappresentano inoltre una risorsa chiave per la creazione e promozione di un turismo responsabile e dello sviluppo sostenibile.[3]

Questi 48 itinerari coprono una gamma molto ampia di temi, che spaziano dall'architettura al paesaggio, dalle più varie espressioni del patrimonio immateriale ai grandi personaggi che hanno segnato la storia europea fino ai grandi maestri dell'arte, della musica e della letteratura europea.[4]

2. *Come si diviene Itinerari culturali del Consiglio d'Europa.*

Lo status di Itinerario culturale si raggiunge mediante una certificazione che viene rilasciata dall'organismo che, presso il Consiglio d'Europa, presidia la realizzazione del programma degli Itinerari culturali, l'EPA (Enlarged Partial Agreement),[5] ricevendo tale riconoscimento solo al termine di un severo ed articolato percorso di certificazione, che costituisce una prestigiosa garanzia della qualità dei contenuti e del controllo delle attività, sostanziandosi in una vera e propria attestazione di eccellenza.

La certificazione attesta tra l'altro il ruolo di tali itinerari nello svolgimento di attività e progetti innovativi in particolare nel quadro di cinque settori d'azione prioritari, che sono:

– la cooperazione in materia di ricerca e sviluppo;
– la valorizzazione della memoria, della storia e del patrimonio europeo;
– l'organizzazione di scambi culturali ed educativi per i giovani europei;
– la realizzazione di pratiche artistiche e culturali contemporanee;
– la realizzazione di azioni per lo sviluppo di un turismo culturale e uno sviluppo culturale sostenibile.[6]

Tramite il programma degli Itinerari culturali, il Consiglio d'Europa offre un modello di gestione culturale e turistica transnazionale e favorisce il sorgere di sinergie tra autorità nazionali, regionali, locali, coinvolgendo anche un'ampia gamma di associazioni e soggetti di varia natura, pubblica e/o privata, in ambito socio-economico a livello europeo.

3. Per questo aspetto, Daphne Marthens, *The Experience of Common European Heritage. A Critical Discourse Analysis of Tourism Practices at Cultural Routes of the Council of Europe*, in «Journal of European Landscapes», 3 (2022), pp. 45-59.

4. All'indirizzo https://www.coe.int/it/web/cultural-routes/by-theme è possibile visualizzare gli Itinerari culturali organizzati per tema. Consultato il 10 settembre 2024.

5. *EPA on Cultural Routes and Evaluation Cycle*, https://web.archive.org/web/20170318131542/http:/www.culture-routes.net/council-of-europe/epa. Consultato il 10 settembre 2024.

6. Programma degli Itinerari culturale del Consiglio d'Europa su *Cultural Routes of the Council of Europe*, https://www.coe.int/it/web/cultural-routes/about. Consultato il 10 settembre 2024.

In sintesi, si può affermare che dal 1987, anno in cui è avvenuto il lancio del programma, mediante uno sviluppo che li ha portati ad essere sempre più numerosi, gli Itinerari culturali del Consiglio d'Europa mirano a dimostrare, attraverso un viaggio nello spazio e nel tempo, come il patrimonio conservato nei diversi Paesi e nelle diverse culture d'Europa possa contribuire a creare un unico patrimonio culturale europeo, condiviso e vivo.

Oggi, gli Itinerari culturali del Consiglio d'Europa offrono un'ampia gamma di attività ricreative ed educative rivolte a tutti i cittadini, sia europei che extraeuropei, e rappresentano dunque una risorsa chiave per il turismo responsabile e lo sviluppo sostenibile.

Qualche numero: ad oggi, settembre 2024, i 48 Itinerari culturali certificati attaversano 60 Paesi, con un numero complessivo di oltre 3000 membri e istituzioni attive, il 90% di questi aventi sede in zone rurali (quindi anche con l'attenzione a valorizzare quelle parti del territorio europeo che sono meno interessate dal turismo di massa).

3. The European Route of Ceramics / *La Strada Europea della Ceramica*

Dopo questa breve introduzione sugli Itinerari culturali del Consiglio d'Europa, ben si comprende come uno strumento di questo tipo si attagli perfettamente a dare valore al sistema europeo della ceramica.

La *Strada Europea della Ceramica* ha l'obiettivo di realizzare sinergie tra i grandi e i piccoli centri di produzione della ceramica europea, i grandi musei, i luoghi storici di produzione della ceramica, della maiolica e della porcellana in Europa, nonché i luoghi dove oggi, in forma contemporanea, si pratica l'arte della ceramica e l'artigianato di qualità. Nei luoghi della *Strada Europea della Ceramica* il legame con la ceramica, per tradizione storica o per pratica quotidiana, è tutt'oggi così importante e vivo da diventare un elemento identificativo dell'intera comunità.

La sua missione è promuovere la valorizzazione del patrimonio culturale, materiale e immateriale, legato alla ceramica e alle sue tradizioni, alle produzioni artistiche, alle collezioni, all'artigianato ceramico e all'arte ceramica contemporanea.

La *Strada* lavora non solo per costruire strumenti e luoghi di tutela e di valorizzazione di questo patrimonio, ma anche e soprattutto per creare relazioni fra i membri dell'itinerario e promuovere al contempo un turismo sostenibile competitivo legato alla ceramica, così come uno sviluppo economico-commerciale, culturale e sociale.

In tutte le destinazioni che fanno parte dell'itinerario, la produzione artigianale e artistica ha generato nel tempo un ricco patrimonio culturale: le botteghe storiche, molte delle quali sono ancora oggi attive sui territori, sono divenute progressivamente dei veri e propri musei, centri culturali formativi che hanno finito con l'aggregare intorno a sé anche opportunità formative per chi si accosta all'arte della ceramica. In questi centri spesso la tradizione si unisce a tecniche innovative e contemporanee, influenzando e caratterizzando significativamente l'espressione artistica.

Lungo la *Strada Europea della Ceramica* si trovano quelle che possiamo senz'altro definire "città della ceramica", nella loro identità più profonda, ma anche musei e territori urbani, o anche soltanto luoghi in cui la ceramica si distingue in modo particolare: non bisogna dimenticare infatti che nel discorso sulla ceramica si inseriscono non soltanto i luoghi della produzione storica, che spesso possono coincidere con i luoghi in cui oggi si trovano importanti musei, gallerie, festival e altre attività artistiche legate alla ceramica, ma anche molti luoghi in Europa in cui la ceramica è entrata a far parte dell'architettura urbana nelle installazioni, nelle infrastrutture, nei palazzi storici e in quelli moderni.

La storia di questo itinerario culturale inizia nel 2008, con la realizzazione del progetto europeo *Urbact*, che aveva l'obiettivo di mappare un primo nucleo di luoghi europei significativi della storia della ceramica; in esito ad esso si costituì un'associazione, denominata UNIC dal nome del progetto, che diede vita alla candidatura dell'itinerario culturale.

Infatti, al termine dell'esperienza del progetto europeo, che comunque aveva creato il primo nucleo del network, i partner decisero di non limitarsi al risultato di quel lavoro ma di proseguire nella valorizzazione del network così creato: fu così presa la decisione di presentare la candidatura per divenire un itinerario culturale del Consiglio d'Europa. L'itinerario *European Route of Ceramics* ottenne la certificazione nell'anno 2012 e operò per i primi sei anni sotto la guida di Limoges, che era stata capofila del progetto europeo, mantenendo lo stesso gruppo originario di membri.

Nel 2018, a seguito di un percorso condiviso, che aveva tenuto conto di variazioni nel frattempo intervenute, in un contesto di grande amicizia e collaborazione, venne concordato un passaggio di testimone tra la città francese di Limoges e la città italiana di Faenza, e così, a partire da quell'anno, la presidenza e la direzione della *Strada Europea della Ceramica* hanno sede in Italia, a Faenza, mentre Limoges ricopre il ruolo della vicepresidenza. Questo passaggio avvenne in concomitanza con un festival della ceramica che si svolge a Faenza ogni due anni, particolarmente importante per il panorama ceramico internazionale, *Argillà Italia*.[7]

Al momento del passaggio, nel 2018, il numero dei partner era rimasto fermo rispetto alla fase iniziale del progetto, al netto di qualche defezione nel frattempo intervenuta, e dunque contava solo cinque membri; a settembre 2024, la *Strada Europea della Ceramica* conta 27 partner, che rappresentano 16 Paesi, ma il numero è in costante crescita. Tra i partner fondatori ci sono Faenza in Italia e Limoges in Francia, la città di Höhr-Grenzhausen e il Porzellanikon Museum di Selb in Germania, il Prinsenhof Museum di Delft nei Paesi Bassi. Dopo l'assunzione della guida della *Strada* da parte di Faenza sono rientrati a farne parte Aveiro in Portogallo, la Fondazione Iznik in Turchia, Bolesławiec in Polonia, Castellon de la Plana in Spagna, Gmunden in Austria, Manises e Talavera de la Reina in Spagna, l'Agenzia di Stato per il Turismo/Sheki in Azerbaijan, il Telemark Museum in Norvegia, il National Museum of Hutsulshchyna

7. Su *Argillà Italia* si veda il contributo di Paola Casta in questo stesso volume.

and Pokuttia Folk Art Y.Kobrynskyi, Kosiv, in Ucraina, Modra in Slovacchia, Petrinja in Croazia, Deruta in Italia, Avanos in Turchia, la Malta Crafts Foundation di Malta, il Princessehof Museum di Leeuwarden nei Paesi Bassi, Onda in Spagna, il Comune di Sifnos, l'Educational Development Company "Ploigos" di Creta e il Centre for the Study of Modern Ceramics – G. Psaropoulos Family Foundation di Atene, in Grecia, Kütahya in Turchia e infine la città di Aubagne in Francia.[8]

Ogni anno la *Strada Europea della Ceramica* presenta una forte espansione della propria rete: in questo momento sono già state valutate dal Comitato scientifico le *application* di sei nuovi partner che entreranno in occasione della prossima assemblea, prevista per il mese di giugno.

All'interno della *Strada Europea della Ceramica*, oltre agli organi di rappresentanza, quali presidenza (Faenza) e vicepresidenza (Limoges), opera il direttore e un ufficio di segretariato tecnico e tesoreria che ha attualmente la propria sede a Faenza. Accanto a questi organi opera un altro organismo fondamentale, ovvero il Comitato scientifico, che al suo interno include curatori museali, professori universitari e professionalità dell'ambito culturale e turistico. Il ruolo del Comitato scientifico è innanzitutto quello di fornire un parere preventivo sulle richieste di ammissione presentate dai nuovi membri, basato su una attenta valutazione delle caratteristiche e della corrispondenza dei requisiti richiesti. Inoltre, il Comitato scientifico promuove e realizza attività di ricerca, tramite il coinvolgimento di docenti internazionali e di specializzandi e studenti, e svolge attività di impulso e di stimolo per la realizzazione di nuovi progetti e attività.

4. *Le attività della* Strada Europea della Ceramica

La *Strada Europea della Ceramica*, come ogni altro itinerario culturale del Consiglio d'Europa, svolge la propria attività focalizzandosi su alcune azioni chiave, che sono:

– la ricerca e la formazione;

– l'attività di promozione turistica e la creazione di un'offerta turistica sostenibile;

– la realizzazione di progetti per lo sviluppo internazionale delle realtà rappresentate dai propri membri, volti a fornire opportunità di crescita e collaborazioni internazionali;

– la progettazione europea, in quanto una grande parte delle attività e delle azioni che la *Strada Europea della Ceramica* svolge sono realizzate grazie ai finanziamenti europei.[9]

8. European Route of Ceramics, *About us*, https://www.europeanrouteofceramics.eu/about-us/. Consultato il 10 settembre 2024.

9. *Statute of the European Route of Ceramics*, https://www.europeanrouteofceramics.eu/wp-content/uploads/2022/12/Statuto_EN_20220901-1.pdf. Consultato il 2 settembre 2024.

La ricerca e formazione si sostanzia nella cooperazione con scuole, università e centri di ricerca, volta a fornire opportunità tra i giovani europei all'interno del sistema educativo, della ricerca e dello scambio culturale e formativo incentrato sul tema della ceramica. In molti dei territori rappresentati dai membri della *Strada* sono presenti centri di ricerca, università, scuole di formazione specifica, centri specializzati legati alla ceramica: in tali contesti, il ruolo della *Strada Europea della Ceramica* è quello di attivare azioni di coinvolgimento e cooperazione fra tutte queste realtà.

L'attività di promozione turistica e la creazione di un'offerta sostenibile consiste essenzialmente nella creazione e messa in campo di attività volte a realizzare un *incoming* turistico e attivare meccanismi di richiamo in relazione alla ceramica. Per conseguire tale obiettivo, la *Strada Europea della Ceramica* si muove per individuare connessioni tra le realtà ceramiche significative di un determinato territorio e le attività ivi svolte connesse alla ceramica per metterle in relazione con analoghe realtà europee, al fine di creare un sistema rinforzato di attrattività culturale in grado di ampliare la domanda turistica esistente.

Operando su questi temi ed in relazione a tutto ciò che produce turismo in connessione con la visita dei musei o dei festival della ceramica, delle fiere-mercato o delle botteghe artigiane, la *Strada Europea della Ceramica* ha sviluppato tre filoni principali su cui focalizzare le proprie azioni: la ceramica e il territorio; la ceramica e il cibo; le esperienze legate alla ceramica.

Parlare di ceramica e territorio significa essenzialmente cercare di promuovere una offerta turistica legata al rapporto tra la ceramica e il proprio luogo di appartenenza: la ceramica diventa così un modo diverso per visitare e scoprire un territorio, per ricercare e conoscere gli elementi e le aree in cui l'argilla nasce e si produce e per visitare i luoghi legati alla ceramica e alle sue antiche tradizioni. Su questo filone si mira a sviluppare una interessante offerta/proposta di itinerari turistici che leghino fra loro i diversi luoghi della ceramica che fanno parte dell'itinerario culturale, con l'obiettivo, da un lato, di creare dei microitinerari laddove i luoghi europei che si trovano in rete nell'ambito di questa offerta sono ravvicinati, e, dall'altro, di creare itinerari più ampi a livello europeo, laddove si propone un percorso che, sul filo di un certo tema ceramico, si snoda attraverso luoghi diversi attraverso l'Europa.

Il secondo filone verte sulla ceramica e il cibo. Il tema del cibo, della ristorazione di qualità e dell'enogastronomia è oggi già di per sé motore di turismo assai significativo, sul quale si fondano proposte dotate di particolare attrattività e successo. In questo ambito, la *Strada Europea della Ceramica* ha mirato a creare percorsi e richiami di tipo turistico dedicati alle interconnessioni tra la ceramica e il cibo, elementi legati storicamente in maniera molto importante. Oggi è sempre più discusso l'aspetto estetico del cibo, e cioè la presentazione dei piatti, la scelta del servizio e l'organizzazione e presentazione del *placé*: un piatto in ceramica è diventato un elemento centrale, che senz'altro può perfettamente accordarsi al cibo per eleganza, cromatismi e rimandi storici di riferimento. Su questo tema la *Strada* ha negli anni organizzato vari eventi, come conferenze e dimostrazioni, spesso accompagnate da uno *show cooking*, all'interno di musei e manifestazioni, con chef stellati o rinomati invitati a preparare le proprie creazioni, unitamente a ceramisti ed esperti in grado di illustrate le caratteristiche, gli stili e i decori dei manufatti ceramici scelti per l'impiattamento, in un vero e proprio viaggio di puro piacere tra estetica e gusto.

Approfondendo i nessi tra ceramica e cibo si può spaziare su temi specifici, indagando anche il legame della ceramica con l'olio e con il vino: la ceramica è una materia che si presta moltissimo a creare connubi di grande attrattività, che possano poi essere declinati in singole esperienze e/o veri e propri percorsi di turismo esperienziale.

Il terzo polo di attività riguarda quelle proposte in cui si può effettivamente "mettere le mani" nell'argilla: sono le attività esperienziali, che oggi hanno tanto richiamo, come i workshop e i laboratori dedicati ad adulti e bambini, che offrono la possibilità di vivere direttamente la "propria" esperienza ceramica, entrando nelle botteghe artigiane e mettendo le mani nell'argilla, per imparare a conoscere le principali tecniche di lavorazione. Su questi temi vengono organizzati e sperimentati percorsi di vario genere, anche al fine di sostenere lo sviluppo sociale, la promozione e lo sviluppo turistico dei luoghi della ceramica che aderiscono alla *Strada Europea della Ceramica*.

Un altro aspetto, tutt'altro che secondario, su cui la *Strada Europea della Ceramica* basa le proprie attività, è la progettazione europea, strumento indispensabile per l'acquisizione delle risorse e la realizzazione di progetti per lo sviluppo internazionale, quali l'organizzazione di conferenze legate al tema della ceramica, l'attivazione di collaborazioni internazionali con musei, università, vari tipi di istituzioni e con altri Itinerari culturali del Consiglio d'Europa. Negli ultimi anni, infatti, la *Strada Europea della* Ceramica ha attivato accordi di collaborazione con altri itinerari, il cui tema principale offre collegamenti con il grande mondo della ceramica, quali ad esempio:

– *Iter Vitis*, l'itinerario culturale dei cammini della vigna e del vino in Europa, per la promozione del patrimonio legato alla cultura del vino, con il quale ovviamente la ceramica intrattiene importanti relazioni fin dall'antichità;

– la *Rotta dei Fenici*, con cui dal 2021 è attiva una collaborazione per la promozione comune del patrimonio culturale nell'area del Mediterraneo;

– l'itinerario *Art Nouveau*, con il quale dal 2023 è stato siglato un accordo per la valorizzazione congiunta del patrimonio culturale ceramico legato alla corrente artistica europea dell'Art Nouveau.

Per quanto riguarda l'attività inerente alla progettazione europea, la *Strada Europea della Ceramica* negli ultimi anni ha realizzato diversi progetti, alcuni già conclusi, alcuni in corso e altri ancora in fase di valutazione. Fra questi, un progetto molto legato ai temi precedentemente indicati è *MED-Routes*, candidato sul programma *EuroMed*, che mira a realizzare un modello di turismo sostenibile realizzabile localmente e la sua disseminazione in altri territori dell'area del Mediterraneo e nelle aree coperte dagli itinerari associati al progetto.

Il finanziamento di questo progetto prevede un budget di 1 milione di euro e il coinvolgimento di quattro Itinerari culturali del Consiglio d'Europa sul tema del turismo culturale e sostenibile: la *Strada Europea della Ceramica*, quale ente capofila, la *Rotta dei Fenici*, la *Strada dell'Ulivo* e *Destination Napoléon*, l'itinerario legato alla figura di Napoleone.

Grazie allo sviluppo di tale tipologia di progetti, negli ultimi anni i partner della *Strada Europea della Ceramica* hanno dunque avuto l'opportunità di partecipare ad azioni e iniziative che hanno consentito loro di avviare sui rispettivi territori progetti di ricerca, attività di comunicazione, attività di coinvolgimento dei giovani, di formazione di giovani operatori culturali sul tema della ceramica e, infine, la possibilità di finanziare il restauro di luoghi simbolo legati alla storia e alla fruizione della ceramica.

Infine, per completezza, va ricordato che uno degli ambiti su cui la *Strada Europea della Ceramica* ha sviluppato azioni negli ultimi anni riguarda le presenze e le collaborazioni al di fuori dei confini europei. La ceramica è un materiale universale, che accompagna fin dalle origini la storia dell'umanità e dei popoli di ogni continente: in Oriente, terra di mitica origine della porcellana, la *Strada Europea della Ceramica* intrattiene relazioni di fondamentale importanza. Per esempio, nella città cinese di Jingdezhen, luogo simbolo a livello mondiale per la produzione della porcellana, il luogo "dove tutto è incominciato", la *Strada* ha partecipato a diverse edizioni della *International Ceramic Fair*, una delle più importanti di tutto il continente asiatico, portando così ben al di là dei confini europei la testimonianza della storia e della tradizione ceramica del nostro continente.

Emanuela Bossi

Innovare la tradizione della ceramica artistica: il progetto *CLAY*

Premessa

La tradizione della ceramica è forse la più resistente al tempo. Le varie fasi della lavorazione hanno molte variabili e i ceramisti, una volta trovato un modo di fare personalizzato, ripetono le forme e i colori tramandandone i segreti di generazione in generazione. L'Umbria è connotata da una forte vocazione ceramica e rientra a pieno titolo tra le poche regioni d'Italia che vantino ben oltre cinque centri di antica tradizione ceramica: Deruta, Gualdo Tadino, Gubbio, Orvieto e Umbertide, anche se tutto il territorio umbro può fregiarsi della produzione delle terrecotte. Le produzioni ceramiche dell'Umbria hanno raggiunto livelli artistici di elevato spessore, e la ceramica non è solo materia, ma cultura, patrimonio, economia, storia e tradizione di un territorio. Ma la forte riduzione (-27%) del numero delle aziende e degli occupati tra il 2008 e il 2016[1] ha evidenziato che la tradizione non può più sostenere un mercato globalizzato.

La Regione Umbria ha tra i suoi fini istituzionali quello di supportare e sviluppare il comparto del settore artistico tradizionale e soprattutto della ceramica; è in quest'ottica che è stato elaborato, presentato e approvato il Progetto *CLAY Cross Sector Support for Innovative and Competitive Artistic Ceramic SMEs*, nella terza *call* del *Programma Interreg Europe*.[2] Il fine del progetto è di garantire che gli strumenti politici regionali siano adatti a supportare la sopravvivenza e lo sviluppo del settore della ceramica tradizionale. Questo obiettivo viene raggiunto attraverso l'apprendimento interregionale, in modo da aiutare i responsabili politici ad affrontare le esigenze d'innovazione del settore. Per la realizzazione del progetto si è costituito un partenariato con enti e regioni di altri cinque Paesi dell'Unione Europea a forte vocazione ceramica: la Spagna, con il Gruppo europeo di cooperazione territoriale (AEuCC) della Regione di Murcia; la Romania, con l'Agenzia di sviluppo regionale dell'Oltenia Sud-

1. Regione Umbria, *Indagine realizzata per la presentazione del Progetto CLAY*, 2018.
2. *Programma Interreg Europe* è un programma di Cooperazione Interregionale cofinanziato dalla Unione Europea che mira alla riduzione delle disparità nei livelli di sviluppo tra le regioni europee: www.interregeurope.eu/interreg-europe-2014-2020, consultato il 7 agosto 2024.

Occidentale; il Portogallo, con il Centro tecnologico della ceramica e del vetro (CTCV) della Regione Centro; la Finlandia, con la Regione dell'Ostrobotnia Meridionale; la Francia, con l'Associazione per lo sviluppo e la promozione della ceramica europea della Regione Nuova Aquitania. Il settore europeo della ceramica conta tra le 10.000 e le 15.000 aziende con un numero di addetti tra i 35.000 e i 50.000 e un fatturato stimato tra i 2 e i 2,5 miliardi di euro. Nelle regioni del progetto *CLAY* si contano 645 aziende con 14.000 dipendenti e un fatturato di circa 488 milioni di euro.[3]

1. *Il progetto* CLAY*: obiettivi e risultati*

Il progetto *CLAY* ha consentito al partenariato di analizzare, fare ricerca e scambiare conoscenze sul comparto della ceramica artistica tradizionale; in particolare sono state elaborate un'*Analisi del settore ceramico* e un'*Analisi dei fabbisogni del settore ceramico artistico tradizionale* delle regioni dei cinque Stati europei. Attraverso l'*Analisi del settore* si sono volute rappresentare le caratteristiche dei comparti della ceramica delle diverse regioni del partenariato; dapprima si è misurata la grandezza territoriale delle regioni *CLAY* individuando un gruppo, composto da tre regioni, che si connotano per una grande dimensione in temini di estensione e di abitanti (in Romania, in Portogallo e in Francia), e un altro gruppo costituito da due piccole regioni (in Italia e in Finlandia). Passando poi ad analizzare le produzioni ceramiche delle cinque regioni si sono riscontrate tre tipologie diverse: la prima composta da due regioni (in Italia e in Romania), dove la ceramica tradizionale guida il settore con la presenza di piccole e/o microimprese; una seconda tipologia composta da altre due regioni (in Francia e in Portogallo), dove la tradizione è stata innovata grazie agli avanzati processi tecnologici e produttivi, con la presenza di medie e grandi imprese. Da ultima la regione finlandese si connota per avere un piccolo settore ceramico con un approccio diametralmente diverso, dove l'elemento cardine è l'iniziativa imprenditoriale e il benessere dell'ambiente lavorativo, con un forte rispetto per la natura. Una tale visione ha contribuito a mettere in discussione l'approccio teso al mero profitto economico, inducendo i referenti delle altre regioni a una riflessione approfondita. Al termine dell'*Analisi del settore* si è elaborata un'analisi SWOT[4] con il fine di illustrare i punti di forza, di debolezza, le opportunità e le minacce del settore della ceramica tradizione

3. Elaborazione dall'autrice sulla base dei dati raccolti durante l'analisi del settore delle Regione del progetto *CLAY*.

4. L'analisi SWOT (matrice SWOT) è uno strumento di pianificazione strategica usato per valutare i punti di forza, le debolezze, le opportunità e le minacce di situazione per le quali si debbano prendere delle decisioni per il raggiungimento di un obiettivo. Christoph Speth, Sara Rossi, *L'analisi SWOT. Uno strumento fondamentale per lo sviluppo della strategia aziendale*, ed. or. 2015, s.l., 50minutes, 2023.

Grafico 1. Risultati dell'analisi SWOT

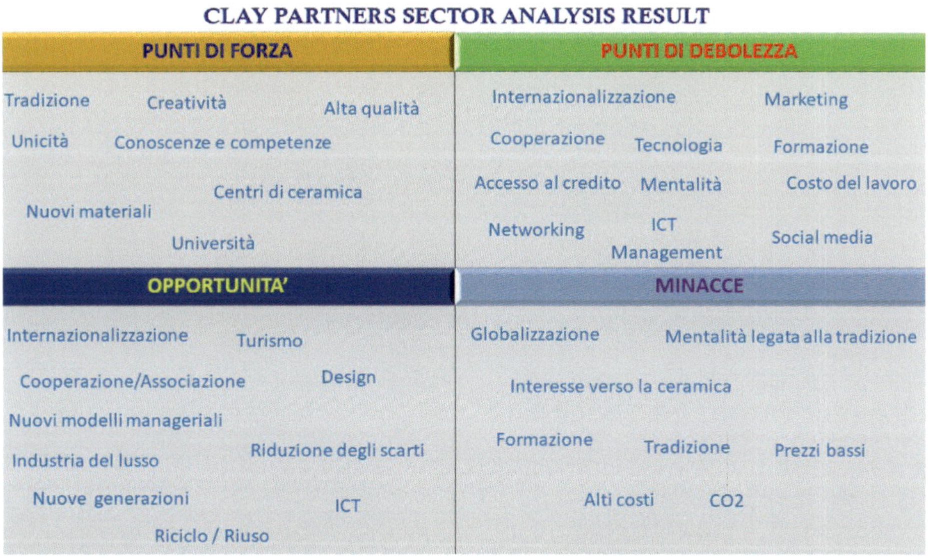

Fonte: Elaborazione dell'autrice in base ai dati raccolti durante l'*Analisi del settore ceramico* da parte di ogni regione del progetto.

delle regioni del progetto. Nel Grafico 1 viene rappresentata la matrice della SWOT analysis.

Riassumendo, la "tradizione", punto di forza della ceramica artistica, è allo stesso tempo divenuta una minaccia, perché secondo una certa mentalità essa può escludere ogni possibile innovazione. In uno scenario dove sussistono la globalizzazione, l'alto costo del lavoro, lo scarso accesso al credito, la necessità di ridurre le emissioni di CO2 nei processi produttivi e il dato di fatto che la ceramica artistica tradizionale sta perdendo capacità attrattiva rispetto alle altre produzioni, è importante far comprendere la necessita di modificare le strategie imprenditoriali delle aziende ceramiche artistiche.

Con la successiva *Analisi dei fabbisogni*, si è avviata la fase della ricerca dei bisogni del comparto ceramico tradizionale, coinvolgendo diversi soggetti: MPMI (micro, piccole e medie imprese) della ceramica, designer, associazioni di categoria, autorità locali e regionali come comuni e istituzioni pubbliche, centri di ricerca e università. L'attività di ricerca si è sviluppata, con l'ausilio di un'indagine di mercato standard, somministrando un questionario[5] che ha permesso di elaborare un'analisi comparta dei fabbisogni del partenariato del progetto *CLAY* come illustrato nel Grafico 2.

5. Questionario elaborato dall'autrice e distribuito attraverso la piattaforma Google Moduli.

Grafico 2. Analisi dei fabbisogni del partenariato del progetto *CLAY*

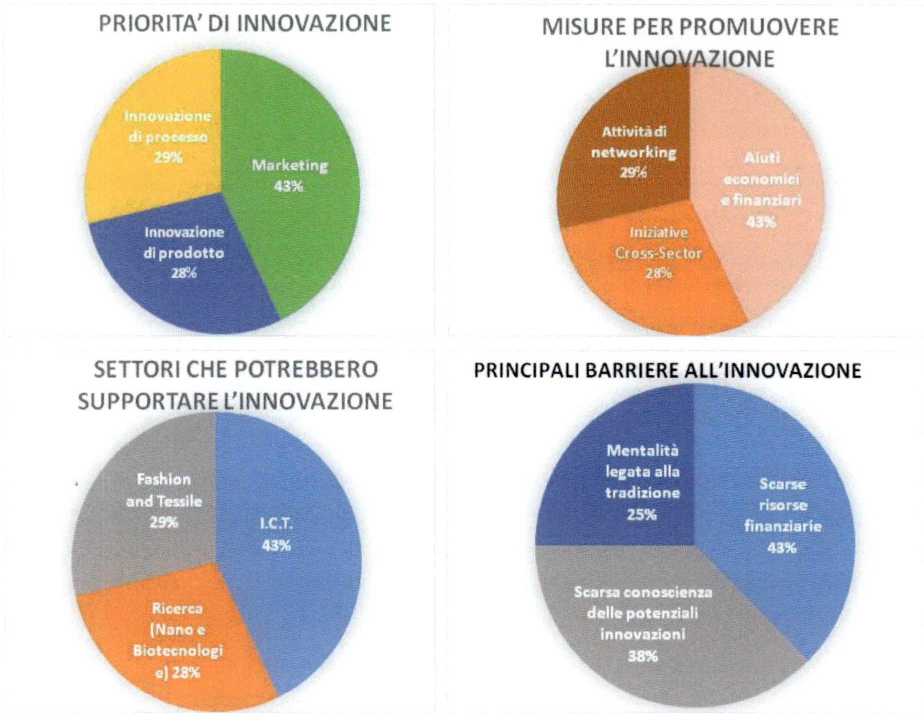

Fonte: Elaborazione dell'autrice sulla base dei dati dei questionari, al termine dell'analisi dei fabbisogni.

Analizzando i report dei questionari è emersa, in modo chiaro, l'esigenza di innovare le produzioni di ceramica artistica: "innovare nella tradizione". Quattro sono le analisi comparative che si sono volute affrontare per comprendere appieno il fabbisogno d'innovazione: priorità d'innovazione; misure per promuovere l'innovazione; settori che potrebbero supportare l'innovazione; e principali barriere all'innovazione.

Tra le priorità d'innovazione emerse dai questionari compilati dai partner spicca l'innovazione delle strategie di marketing. Il bisogno maggiormente sentito è, infatti, incrementare le vendite dei prodotti artistici tradizionali. Tutti i ceramisti hanno, ora, la consapevolezza di un accentuato cambiamento nei gusti nella fase d'acquisto dei prodotti ceramici, sempre più indirizzati al design; infatti, a tutt'oggi le tecniche e le procedure utilizzate rispondono a metodologie "antiche" che, pur caratterizzandone l'unicità, allo stesso tempo comportano costi di produzione elevati non più competitivi.

È in quest'ottica che gli intervistati hanno poi espresso un'altra priorità di innovazione: l'innovazione di processo. Un'ulteriore priorità è rappresentata dell'innovazione di prodotto, con la quale, introducendo nuovi stili e nuovi design, gli intervistati auspicano la possibilità di una maggiore differenziazione dell'offerta produttiva della ceramica tradizionale, proponendosi a nuovi target di mercato e aumentando così la propria competitività.

Si è analizzato quali fossero, per i soggetti interessati, le misure che potrebbero promuovere l'innovazione in un settore così legato alle tradizioni: gli aiuti economici e finanziari sono risultati per gli intervistati un elemento di supporto imprescindibile, in quanto fondamentale per l'introduzione dell'innovazione nella ceramica artistica, poiché le micro e piccole imprese incontrano notevoli difficolta nel reperire finanziamenti all'interno del sistema bancario. L'attività di networking si configura, in base alle risposte ottenute, come una misura che potrebbe consentire l'introduzione d'innovazione nella ceramica tradizionale grazie a una maggiore condivisione di esperienze e conoscenze. Il networking potrebbe consentire l'attenuazione di una mentalità troppo legata a schemi tradizionali. Allo stesso tempo, le iniziative cross-settoriali sono state valutate importanti per sfruttare la condivisione di innovazioni e soprattutto consentire di poter utilizzare le innovazioni secondo una logica di filiera.

Analizzando le risposte in merito ai settori che potrebbero favorire l'innovazione si è riscontrato che la ceramica può essere supportata dal settore delle ICT.[6] Quest'ultimo è stato valutato, con il 43% delle risposte, come quel settore che può maggiormente supportare l'innovazione nella ceramica tradizionale, grazie alla capacità della componente comunicativa nella promozione dei prodotti offerti. È evidente ciò che viene maggiormente chiesto dai ceramisti artistici: la possibilità di penetrare nuovi mercati e soprattutto di ampliare il target di riferimento. Quindi sembrerebbe che l'introduzione delle tecnologie dell'informazione potrebbe colmare il *gap* di mercato e di promozione di cui queste specifiche aziende soffrono. Entrando nello specifico, tuttavia, si è poi evidenziato che nella realtà le tecnologie dell'informazione non riescono a sopperire, quale unico elemento strategico, a quelle carenze strutturali dovute a un assente o scarso approccio manageriale di cui soffrono le aziende artistiche della ceramica.

Il settore tessile e della moda, pur non essendo la principale scelta, è stato individuato come un ambito che può supportare l'inserimento di componenti innovativi, in ceramica, nella moda: è un settore altamente creativo, che favorisce le contaminazioni con gli altri ambiti. In particolar modo, con la ceramica sono state create fibbie, inserti, placche, spille e altri accessori. Inoltre, grazie anche al progetto *CLAY* e alla collaborazione con l'Università degli Studi di Perugia – Dipartimento di Chimica, Biologia e Biotecnologie, si è potuto sperimentare l'applicazione

6. ICT (Tecnologie dell'Informazione e della Comunicazione) rappresentano l'insieme di strumenti, processi e risorse che consentono la gestione, l'elaborazione, la trasmissione e la condivisione di informazioni attraverso mezzi digitali. Simone Domenico Scagnelli, *Information Communication Technology (ICT) e azienda. Analisi, valutazione e orientamenti agli stakeholders*, Torino, G. Giappichelli Editore, 2017.

delle nanomaterie nel processo produttivo della ceramica a lustro.[7] I famosi riflessi oro e rubino, tramandati da Cipriano Piccolpasso nel suo trattato *I tre libri del vasaio*, del 1548,[8] possono essere riprodotti applicando le nanoparticelle senza più l'uso del "terzo fuoco",[9] un processo che oltre a essere molto impegnativo e dispendioso, non sempre è affidabile, perché durante la terza cottura molti oggetti possono rompersi. È evidente che questo settore può essere davvero di supporto, nel processo di cambio di mentalità per molti artigiani della ceramica artistica.

Attraverso la comparazione dei risultati dell'analisi dei fabbisogni si sono analizzate anche le principali barriere all'innovazione nel settore della ceramica artistica. La scarsa conoscenza delle potenziali innovazioni è vista come la principale barriera all'innovazione. Questa barriera si supera anche tramite l'attività di networking, sia orizzontale, sia verticale, che agevola la condivisione di innovazioni tra un'azienda e l'altra. La bassa conoscenza delle innovazioni applicabili alla ceramica (come il già menzionato caso dei "lustri") è evidente quando ci si riferisce alle microimprese della ceramica: il compito del progetto *CLAY* è stato anche di mettere in contatto le aziende ceramiche con i principali detentori d'innovazioni, come le università e i centri di ricerca. Molti imprenditori, per esempio, avevano dichiarato di non essere a conoscenza della possibilità di poter rivolgersi direttamente a questi centri di alta specializzazione.

Le scarse risorse finanziarie a disposizione delle MPMI, poi, sono tra le principali barriere all'innovazione. L'innovazione ha un alto costo, soprattutto per la sperimentazione, e le micro e piccole aziende della ceramica non hanno risorse finanziarie da destinare all'introduzione di nuovi processi/prodotti. Questa barriera potrebbe essere superata grazie all'intervento pubblico, con la messa a disposizione di risorse economiche. Una mentalità troppo legata a prodotti e processi tradizionali rappresenta un'altra delle principali barriere all'introduzione dell'innovazione nella produzione artistica di ceramiche artigianali. La "tradizione" ha sempre rappresentato il punto di forza di ogni oggetto di ceramica artistica; il rispetto di procedure tramandate da generazioni in generazioni ha connotato e valorizzato le produzioni, dando ai prodotti una grande riconoscibilità. Tale riconoscibilità è stata finora sufficiente per garantire la sopravvivenza anche delle

7. La ceramica "lustrata", in Umbria, è da sempre quella più ricercata e di maggiore valore. Uno dei bisogni espressi dalle aziende che hanno partecipato all'avviso della *Pilot Action* del Progetto *CLAY*, di cui tratteremo più avanti, è stato di poter introdurre il lustro senza la tecnica della terza cottura, utilizzando le nano materie.

8. Cipriano Piccolpasso, *I tre libri dell'arte del vasaio: nei quali si tratta non solo la pratica, ma brevemente tutti i secreti di essa cosa che persino al di d'oggi e stata sempre tenuta nascosta*, Roma, dallo stabilimento tipografico via del Corso num. 387, 1857 (I ed. 1548).

9. Con il termine "terzo fuoco", in ambito ceramico, si fa riferimento alla terza cottura, che viene applicata a un oggetto che ha già subito altre due fasi: la biscottatura o prima cottura e la smaltatura o seconda cottura. Per la terza cottura si parla anche di "tecnica soprasmalto": i colori in polvere vengono amalgamati con una componente fluida e poi stesi a pennello sull'oggetto ceramico cotto in seconda cottura. A questo punto, l'oggetto viene sottoposto alla terza cottura a una temperatura che si aggira tra i 750° ed i 900°C. I minerali contenuti nel colore, durante questa terza cottura, si fondono con il rivestimento vetroso della maiolica, diventando tutt'uno con essa. Il decoro ottenuto con la terza cottura è indelebile nel tempo e dona un effetto iridescente oro e rubino.

piccolissime aziende. In un mercato globalizzato fortemente competitivo, dove il prezzo diventa una componente fondamentale nel processo d'acquisto, una mentalità troppo collegata ai processi produttivi e ai prodotti tradizionali non sempre è la strategia aziendale vincente: ciò è confermato dal decremento del numero delle aziende della ceramica tradizionale, come riportato in premessa.

2. *Il cambio di strategia politica: azione pilota*

Le analisi di settore e dei fabbisogni sono divenute la base di partenza per la revisione degli strumenti di policy della Regione Umbria, che ha elaborato un Piano d'azione, il cui obiettivo è di implementare e sostenere il processo d'innovazione nel settore della ceramica tradizionale.

Nello specifico è stata sperimentata un'azione pilota, applicando il "modello d'innovazione a tripla elica" (Grafico 3).[10]

Le strategie politiche dei soggetti pubblici deputati allo sviluppo di un territorio, che mirano a garantire un efficace supporto alle proprie aziende, devono contemplare aiuti economici, ma, per lo sviluppo di nuovi approcci produttivi, la collaborazione con le università, gli istituti di ricerca e le MPMI diventa l'elemento imprescindibile nel percorso di "sfruttamento" e di "disseminazione" dei risultati delle ricerche. In generale si evidenzia la mancanza, per assenza di incentivi selettivi di tipo deontologico, sociale ed economico, di una vera integrazione tra alcune finalità dell'impresa e le soluzioni rese disponibili dalla ricerca pubblica.

La crescita delle interazioni fra università, imprese e Stato, come partner egualitari, e lo sviluppo congiunto di nuove strategie innovative e attività, frutto di questa cooperazione, è il cuore della teoria della tripla elica di Etzkowitz e di Leydesdorff, presentata come modello per un nuovo sviluppo economico e sociale. La tripla elica diviene anche la piattaforma per la nascita di nuove forme istituzionali e la costituzione di nuovi format organizzativi per promuovere l'innovazione.

In questa ottica, la Regione Umbria ha elaborato una strategia dove per la prima volta si sperimenta uno schema di supporto per facilitare l'accesso ai servizi di innovazione per le imprese ceramiche. Lo schema permette di soddisfare i bisogni d'innovazione espressi dagli imprenditori delle aziende ceramiche attraverso il modello d'innovazione a tripla elica, che viene così rappresentato nel Grafico 4.

In questa elaborazione la Regione Umbria opera come soggetto pubblico che supporta lo sviluppo innovativo per le imprese della ceramica tradizionale. Le aziende sono chiamate a esprimere i loro fabbisogni nell'ambito delle tre aree d'innovazione: di processo, di prodotto e di marketing. La Regione, in collaborazione con i diversi dipartimenti dell'Università, negozia i servizi, le attività e i costi necessari per soddisfare i bisogni richiesti.

10. Henry Etzkowitz, Loet Leydesdorff, *The Dynamics of Innovation: from National Systems and "Mode 2" to a Triple Helix of University–Industry–Government Relations*, in «Research Policy», 29 (2000), pp. 109-123, in particolare la p. 111.

Grafico 3. Modello d'innovazione a tripla elica elaborato da Henry Etzkowitz e Loet Leydesdorff

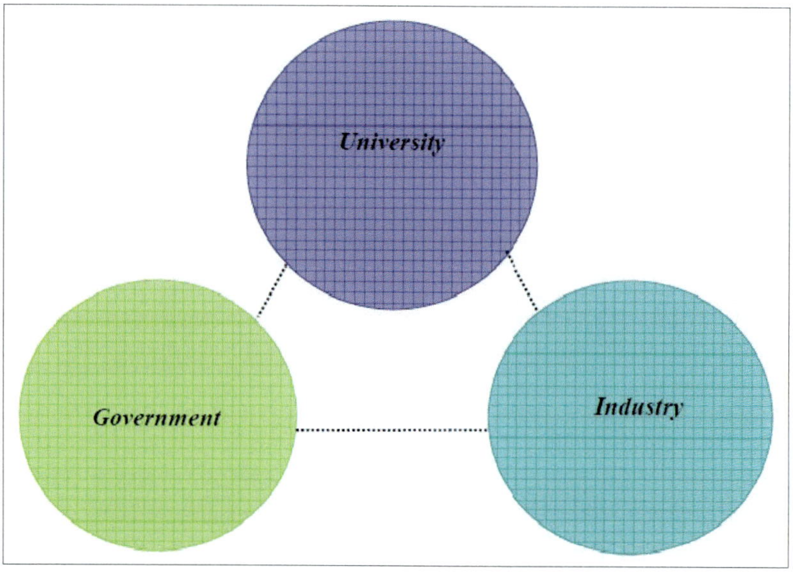

Fonte: Etzkowitz, Leydesdorff, *The Dynamics of Innovation*, p. 111.

Grafico 4. Modello di innovazione a tripla elica per la Regione Umbria

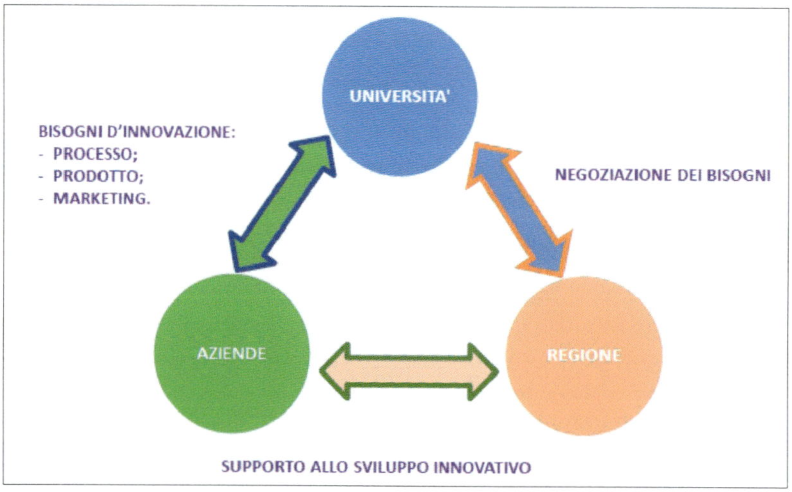

Fonte: Elaborazione dell'autrice per lo schema di supporto basato sul modello d'innovazione a tripla elica di Henry Etzkowitz e Loet Leydesdorff.

In questo modo il supporto prende la forma di una sovvenzione a fondo perduto e viene erogato direttamente all'Università, che detiene le conoscenze e il sapere, e quindi solo indirettamente alle imprese, le quali ricevono attività/servizi tali da soddisfare le necessita d'innovazione per implementare le loro strategie aziendali. Il loro compito specifico è quello di impegnarsi nell'attuazione e nell'applicazione dell'innovazione introdotta.

Nel Grafico 5 viene illustrato lo schema di supporto per facilitare l'accesso ai servizi d'innovazione basato sul modello della tripla elica.

Le attività di supporto alle imprese della ceramica tradizione prendono avvio con la sottoscrizione di un accordo quadro tra la Regione Umbria e i diversi dipartimenti dell'Università degli Studi di Perugia, che hanno specifiche competenze nel campo dell'innovazione di processo, di prodotto e di marketing: nel dettaglio sono stati sottoscritti tre accordi con il Dipartimento di Chimica, Biologia e Biotecnologie, il Dipartimento di Ingegneria civile e ambientale e il Dipartimento di Economia.

Con la pubblicazione dell'avviso pubblico destinato alle MPMI della ceramica artistica, queste sono state chiamate a esprimere, tramite gli appositi moduli contenuti nell'avviso, i propri fabbisogni d'innovazione nell'ambito delle strategie aziendali. Le domande pervenute sono state valutate da una commissione di valutazione per l'ammissione e per l'individuazione dei dipartimenti universitari più idonei a soddisfare i bisogni espressi. A questo punto, sulla base degli accordi sottoscritti, la Regione Umbria ha trasmesso le domande ammesse ai dipartimenti universitari, e da questo momento si è avviata la fase più importante dello schema: la "negoziazione", con la quale si sono definite le attività, le fasi dell'implementazione e i costi per soddisfare i bisogni di innovazione ammessi al finanziamento. La negoziazione è la fase più importante dello schema, perché a partire da essa si traccia il percorso necessario per soddisfare i fabbisogni e, soprattutto, si negoziano i costi delle diverse attività. Terminata la fase di negoziazione, i dipartimenti sottoscrivono con le aziende ammesse al finanziamento un accordo/convenzione in cui sono riportate le attività/servizi da prestare e i relativi costi (Tab. 1).

L'avviso pubblico è stato pubblicato nel mese di dicembre 2021 (la scadenza era fissata al 29 dicembre); lo stanziamento di risorse pubbliche ammontava a 50.000 euro. Hanno presentato domanda cinque aziende, esprimendo dodici fabbisogni di cui quattro per l'innovazione di processo, cinque per l'innovazione di prodotto/design e tre per l'innovazione nei processi di marketing. Tutti i bisogni sono stati ammessi al finanziamento, negoziati e soddisfatti dai diversi dipartimenti dell'Università.

A titolo esemplificativo si presenta di seguito il caso di un'azienda che ha espresso questo specifico bisogno nell'innovazione di processo: "riutilizzo della creta di scarto dopo la modellazione". La "modellazione" è una delle fasi del processo produttivo di oggetti in ceramica; una tipica macchina/attrezzo utilizzata per la modellazione è il tornio.[11] Durante questa fase si producono grandi

11. Il tornio per ceramica è una macchina che sfrutta la contrapposizione fra la forza centrifuga subita dall'argilla, posta sopra una testata a disco, e quella effettuata dalle mani del ceramista o torniante, al fine di ottenere una forma liscia e regolare.

Grafico 5. Nuovo schema di supporto per facilitare l'accesso ai servizi d'innovazione

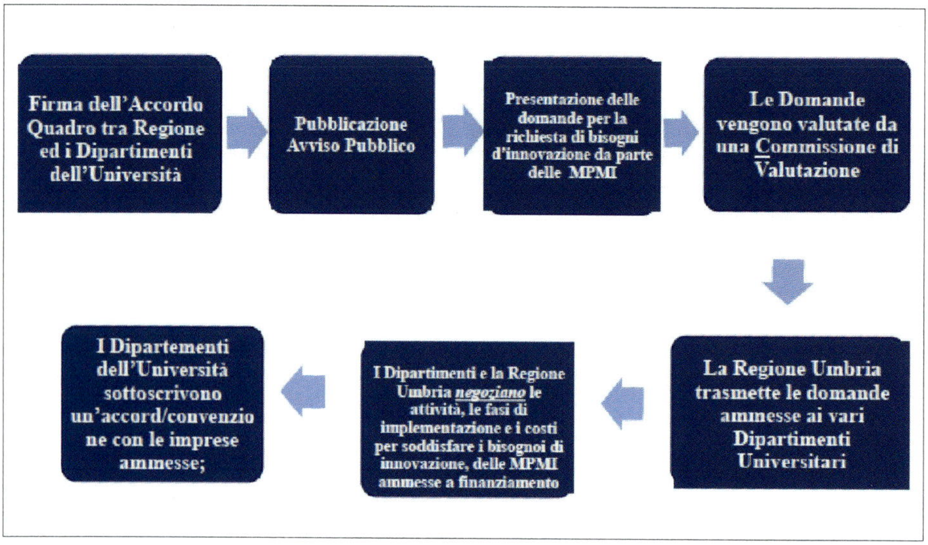

Fonte: Elaborazione dell'autrice dello schema delle fasi in cui si articola il supporto indiretto per l'accesso ai servizi d'innovazione.

Tab. 1. Esiti dell'avviso pubblico

ESITI	NUMERO
AZIENDE DELLE CERAMICA CHE HANNO PRESENTANTO DOMANDA	5
BISOGNI D'INNOVAZIONE RICHIESTI	12

BISOGNI RICHIESTI	NUMERO
INNOVAZIONE DI PROCESSO	4
INNOVAZIONE DI PRODOTTO/DESIGN	5
INNOVAZIONE NEI PROCESSI DI MARKETING	3

Fonte: Elaborazione dell'autrice in base alle domande pervenute dopo la scadenza dell'avviso pubblico.

quantità di creta di scarto con notevoli costi di smaltimento. Poter innovare questa fase di produzione era, per l'azienda in questione, un'esigenza fortemente sentita, perché lo stoccaggio degli scarti e il successivo smaltimento generano alti costi, con ricadute sul prezzo finale dell'oggetto ceramico. Il Dipartimento di Chimica, Biologia e Biotecnologie ha preso in carico il bisogno richiesto, fornendo degli oli, frutto di un'apposita ricerca, che, se miscelati con la creta, rendono lo scarto nuovamente malleabile ed elastico, pronto per essere rimodellato. In questo modo si sono realizzati nuovi oggetti, che sottoposti ad analisi hanno evidenziato una riduzione di oltre il 50% della porosità del nuovo prodotto ceramico cotto (si ricorda che l'alta porosità della ceramica accresce la fragilità del prodotto). L'azienda ha realizzato, così, una collezione di prodotti finiti di creta riciclata, con una riduzione dei costi di produzioni pari al 30% rispetto a un oggetto prodotto con argilla nuova.

Nell'azione pilota era previsto che ogni diverso step dello schema di supporto fosse sottoposto ad attività di monitoraggio, includendo una valutazione intermedia per le aziende ammesse al finanziamento con un questionario online e una valutazione finale, attraverso un'intervista/questionario in videoconferenza. Il quadro che ne è emerso evidenzia come le aziende, dopo l'avvio delle attività, abbiano aumentato il gradimento verso il modello sperimentato. In alcuni casi, il modello sperimentato sarebbe addirittura la determinante per considerare in futuro la possibilità di una nuova collaborazione con l'Università, perché l'elemento fondamentale dell'applicazione del modello a tripla elica è il maggior *bargaining power* (potere contrattuale) che tale modello garantisce alle aziende micro e piccole. È stata anche prevista una valutazione finale per l'Università, attraverso un questionario anonimo somministrato ai referenti dei diversi dipartimenti. Gli esiti di questa valutazione finale mostrano, prendendo a titolo esemplificativo la domanda "esprimere una opinione generale sulla sperimentazione del modello per l'innovazione a tripla elica con le MPMI della ceramica", come i referenti universitari abbiano trovato molto soddisfacente lo schema di supporto della sperimentazione. È inoltre emerso che, nonostante la non perfetta chiarezza dei bisogni espressi nei moduli di domanda, questi sono stati facilmente interpretati e ritenuti soddisfacibili con le competenze/conoscenze a disposizione dell'Università. Non sempre il management di queste microimprese riesce a individuare con precisione i propri bisogni rispetto alle strategie aziendali, in quanto spesso le microimprese necessitano di un supporto professionale che, attraverso un'analisi specifica degli obiettivi, individui le reali e fattibili politiche da attuare.

A conclusione degli esiti della sperimentazione dello schema di supporto basato sul modello d'innovazione a tripla elica, si può fornire una valutazione ampiamente soddisfacente. L'attuazione e la riproposizione dello schema di supporto indiretto, a favore delle imprese umbre, potrebbe e dovrebbe essere riprogrammata. La sperimentazione ha dimostrato che, in termini di risultati ottenuti rispetto alle aspettative iniziali, lo schema è molto efficace, poiché anche le piccole e le microaziende possono accedere all'innovazione, e le risorse pubbliche vengono allocate con efficacia grazie alla negoziazione, che permette di avere delle economie nei costi della prestazione dei servizi.

Rossella Di Federico, Angela Maria Zocchi*

La ceramica di Castelli: tradizione e innovazione per lo sviluppo locale

Premessa

Il presente contributo è suddiviso in due parti. La prima propone una riflessione sulla ceramica come mezzo espressivo al confine tra artigianato e arte facendo riferimento a un contesto specifico: Castelli, piccola città della provincia abruzzese, situata all'interno del Parco Nazionale del Gran Sasso e caratterizzata da un'importante tradizione della ceramica, che, come si cercherà di chiarire, può essere un fondamentale motore dello sviluppo locale.

La seconda parte offre una descrizione quali-quantitativa dell'importanza delle micro e piccole imprese artigiane in Abruzzo proponendo, in particolare, un'analisi dei principali aspetti strutturali e di gestione. Sono messi in luce i risultati di ricerche volte ad evidenziare il rapporto tra piccole imprese abruzzesi e contesto istituzionale di riferimento. Sono descritte le principali problematiche che il tessuto economico regionale sta affrontando a partire dallo shock finanziario del 2007-2008 fino ad arrivare ai nostri giorni di ripresa post-pandemica. Infine, è realizzato un focus sul caso Castelli con l'obiettivo di individuare nuove traiettorie di ripresa e crescita delle microimprese del settore della ceramica presenti sul territorio.

1. *Castelli e i "mondi dell'arte"*

In Abruzzo esistono diversi centri di produzione della ceramica, ad esempio Rapino, ma «non c'è dubbio che fu la ceramica di Castelli ad influenzare per la sua più antica e consolidata fama la produzione degli altri centri abruzzesi».[1] Anche chi arriva a Castelli per la prima volta percepisce subito, visivamente, la

* Sebbene il lavoro sia il risultato di un impegno comune, Angela Maria Zocchi ha curato i primi due paragrafi, mentre Rossella Di Federico ha curato i paragrafi successivi.

1. Vincenzo Franceschilli, Vito Giovannelli, Titti Carta, Rino Panza, *La ceramica di Rapino e i Bontempo*, Francavilla al Mare (CH), Edizioni Ferentum, 1994, p. 7.

presenza di questa tradizione: prima di giungere nel centro della cittadina, le indicazioni stradali segnalano la presenza di un villaggio artigiano dove sono ubicate diverse aziende, che sono un interessante esempio di microimprenditorialità. Poi, raggiunto il centro storico, ci si trova praticamente circondati da negozi di ceramica pieni di oggetti-souvenir:[2] beni culturali che esprimono, in modo tangibile, la memoria collettiva del luogo.

Botteghe artigiane e aziende ceramiche non sono, però, le uniche realtà presenti su questo territorio. Un altro “mondo” è quello dell’arte e, come vedremo in seguito, un terzo importante elemento è il paesaggio, di solito trascurato. Per mettere a fuoco il mondo dell’arte e quello dell’artigianato faremo innanzitutto riferimento a un fondamentale lavoro del sociologo statunitense Howard Becker. Come è nato questo lavoro? Come distinguere tra arte e artigianato?

Nell’*Introduzione* all’edizione italiana di *Art Worlds*, Howard Becker osserva che il lavoro ha preso forma grazie all’uso di «fonti non convenzionali», quali «le memorie e le interviste di persone legate all’arte», tenendo anche conto del lavoro di studiosi di altre discipline, in particolare «i contributi di musicologi, storici dell’arte e storici della letteratura».[3] L’uso di queste fonti ha consentito a Becker di spostare l’attenzione dall’opera d’arte al lavoro collettivo attraverso il quale l’opera viene prodotta, capovolgendo così l’approccio sociologico tradizionale che invece «pone l’artista e l’opera, e non la rete di cooperazione, al centro dell’analisi dell’arte come fenomeno sociale».[4] Seguendo questa prospettiva, Becker fa anche emergere la dipendenza degli artisti dagli artigiani, con cui spesso lavorano: Picasso, ad esempio, «non realizzava le proprie ceramiche da solo ma le affidava a un artigiano locale».[5]

Partendo da queste premesse, Becker dedica un intero capitolo del libro alla distinzione tra arte e artigianato, che può essere proficuamente utilizzata nell’analisi di realtà specifiche, come ad esempio Castelli, famosa nel mondo per la sua antica e consolidata produzione di ceramiche.

Innanzitutto, il sociologo statunitense fa capire che la distinzione tra artigiano e artista «insiste sul fatto che gli artisti danno al loro prodotto qualcosa che va al di là dell’abilità tecnica, e che dipende dalle loro capacità creative», conferendo a «ciascun oggetto o esecuzione un carattere di unicità ed espressività».[6] Nello stesso tempo, si osserva che il confine tra artigianato e arte muta nel tempo, come dimostra la storia delle varie forme artistiche: «ciò che prima veniva normalmen-

2. A proposito degli oggetti-souvenir, lo scrittore Karl-Markus Gauss, nel sottolineare che si tratta di beni culturali, ha osservato: «il souvenir è antico quanto il viaggiare, chiunque si mettesse in viaggio verso contrade sconosciute faceva ritorno a casa portandosi appresso cimeli del suo pellegrinaggio o viaggio d’istruzione. Ci è voluta l’industrializzazione del turismo per derubare il souvenir del suo buon nome» (Karl-Markus Gauss, *Viaggio avventuroso intorno alla mia camera*, ed. or. 2019, Rovereto (TN), Keller Editore, 2023, p. 103).

3. Howard Becker, *I mondi dell’arte*, ed. or. 1982, Bologna, il Mulino, 2004, p. 11.

4. Ivi, p. 15.

5. Ivi, p. 11.

6. Ivi, p. 291.

te inteso e definito dagli addetti ai lavori e dal pubblico come artigianato, viene ridefinito "arte", oppure, inversamente, un'arte viene ridefinita "artigianato"».[7] L'artigianato può quindi diventare arte, così come è possibile il percorso inverso, quando l'arte diventa puro virtuosismo, perdendo espressività e creatività, oppure un mero fenomeno "commerciale".

Un altro indicatore che consente di operare una distinzione tra arte e artigianato è il tipo di utilità verso la quale sono orientati gli oggetti e le attività: l'utilità intrinseca – caratteristica dell'arte – oppure l'utilità estrinseca o pratica, che qualifica l'artigianato, ovvero «l'uso pratico visibile o almeno possibile»[8] dell'oggetto.

Per far capire questa distinzione, Becker cita anche Robert Arneson, «una delle guide del movimento che rivendica per la ceramica lo statuto di arte»,[9] ricordando alcune sue opere in particolare, ad esempio i *Piatti con mattone che affonda* (Fig. 1).

Una serie di piatti perfetti, ma nello stesso tempo inutilizzabili perché, al centro di ciascuno, è collocato un mattone che affonda. Alla distinzione tra utilità intrinseca ed estrinseca si lega anche un altro indicatore rappresentato dall'unicità dell'oggetto come elemento strettamente connesso alla creatività che caratterizza la produzione dell'artista. Infatti, sebbene non manchino pubblicazioni che collegano l'artigianato alla creatività,[10] questa parola è di solito associata all'arte[11] che, come ricorda Richard Sennett,[12] viene distinta dall'artigianato a partire dal Rinascimento.

La maggiore libertà nella realizzazione dell'oggetto è un ulteriore importante indicatore: a differenza dell'artigiano, l'artista «non lavora per nessun cliente» e «con la sua opera cerca di rispondere a problemi inerenti all'evoluzione della sua disciplina e liberamente scelti».[13] Nel corso del tempo, infatti, l'artista ha guadagnato spazi sempre maggiori di libertà, come emerge dall'analisi di Michael Baxandall sui contratti fra pittori e committenti nell'Italia del Quattrocento:[14] si insiste sempre meno sui materiali che devono essere usati, mentre acquista sempre più importanza la figura dell'artista, che deve «portare mano al pennello»[15] e preparare personalmente i colori.[16]

Nel commentare il lavoro di Baxandall, Becker osserva che gradualmente si arriva alla «concezione, oggi pienamente sviluppata, secondo cui l'opera d'arte

7. *Ibidem*.

8. Ivi, p. 293.

9. Ivi, p. 297.

10. Ad esempio: *Figli di arti minori. Creatività artigiana e poesia nei gesti in terra d'Abruzzo*, a cura di Mauro Vitale, Pescara, Edizioni Sigraf, 2007.

11. Cfr. *Professione artista. Un'indagine sociologica sulla creatività in pittura*, a cura di Danila Bertasio, Bologna, Clueb, 1997.

12. Cfr. Richard Sennett, *L'uomo artigiano*, ed. or. 2008, Milano, Feltrinelli, 2009, p. 276.

13. Becker, *I mondi dell'arte*, p. 300.

14. Michael Baxandall, *Pittura ed esperienze sociali nell'Italia del Quattrocento*, ed. or. 1972, Torino, Einaudi, 1978.

15. Ivi, p. 21.

16. Ivi, p. 23.

consiste principalmente nell'espressione dell'abilità e dell'immaginazione di un grande artista»[17] relativamente libero da pressioni esterne. Al contrario, l'artigiano deve attenersi alle richieste del cliente e soddisfare quelli che sono gli scopi del committente.

Infine, un'altra importante differenza riguarda il sistema di diffusione della produzione: l'artigianato si avvale di mostre, esposizioni in gallerie specializzate, piccoli musei o spazi secondari di musei importanti; mentre il sistema di diffusione dell'arte è composto da musei, gallerie d'arte e collezionisti, che rinviano a specifiche e differenti forme di appropriazione dell'opera d'arte: a differenza della galleria, infatti, il museo si configura quale luogo di appropriazione "pura" dell'opera d'arte,[18] mentre per quanto riguarda il collezionismo, il collezionista non bada all'uso bensì al possesso.[19]

2. *Artigianato e arte della ceramica a Castelli*

Riprendiamo ora gli indicatori che, secondo Howard Becker, consentono di operare una distinzione tra arte e artigianato, nonché tra artigiano e artista. Come abbiamo visto, sono essenzialmente quattro: la maggiore libertà dell'artista rispetto all'artigiano; l'unicità dell'opera d'arte; la sua utilità intrinseca; le differenze relative al sistema di diffusione della produzione degli oggetti.

Nel caso specifico di Castelli – che costituisce uno dei numerosi esempi dell'importanza della "provincia dei beni culturali", caratteristica del nostro Paese[20] – è stato l'Istituto statale d'arte "Francesco Antonio Grue" ad operare secondo la logica della ceramica come arte, allacciando e coltivando importanti relazioni a livello internazionale, nella consapevolezza che l'oggetto in ceramica può prescindere dall'utilità pratica – tipica dell'artigianato – ed essere invece espressione di una utilità intrinseca. In particolare, un esempio di ceramica che esprime una "utilità intrinseca" è il *Presepe monumentale*, realizzato a partire dagli anni Sessanta proprio dall'Istituto statale d'arte, composto da imponenti statue con forme quasi fiabesche (Fig. 2).

La Scuola d'arte, infatti, pur riconoscendo il valore della tradizione, soprattutto a partire dalla direzione di Vincenzo Di Giosaffatte, si è attivata anche per stimolare la creatività degli studenti, nella consapevolezza che «il giovane non deve avere soltanto a disposizione il "coccio" d'epoca, bensì deve essere provo-

17. Becker, *I mondi dell'arte*, p. 32.

18. Cfr. Pierre Bourdieu, *La distinzione. Critica sociale del gusto*, ed. or. 1979, il Mulino, Bologna, 2004, pp. 288-291.

19. Cfr. Jean Baudrillard, *Il sistema degli oggetti*, ed. or. 1968, Milano, Bompiani, 2004, pp. 112-113 e 136-137.

20. Cfr. Mario Aldo Toscano, Elena Gremigni, *Introduzione alla sociologia dei Beni Culturali*, Firenze, Le Lettere, 2008, in particolare le pp. 500-503.

cato sul piano estetico dalle proposte culturali più aggiornate possibile».[21] Deve poter toccare con mano gli oggetti, studiarne le forme e i colori, nelle loro diverse sfumature, poiché la ceramica è materia "aptica",[22] che implica necessariamente il contatto fisico. Il che ha significato, innanzitutto, evitare il rischio dell'isolamento tipico della vita di provincia, che da sempre, anche se oggi in misura decisamente minore rispetto al passato, «rappresenta una condizione periferica ed un po' isolata, in certi casi persino marginale. Comunque decentrata rispetto ai grandi crocevia dello scambio comunicativo».[23]

Da tempo, quindi, a Castelli convivono due diversi modi di pensare e realizzare gli oggetti in ceramica: quello orientato all'utilità pratica, caratteristico delle imprese presenti sul territorio, in prevalenza micro e piccole imprese; e quello della Scuola d'arte, che invece persegue l'utilità intrinseca, pensando la ceramica come arte. Due "mondi" diversi ai quali, come osservato da Becker,[24] corrispondono sistemi diversi di diffusione della produzione oggettistica: al mondo dell'arte corrisponde un sistema composto da collezionisti, musei e gallerie d'arte; l'artigianato, invece, si basa su mostre ed esposizioni in gallerie specializzate. Nel caso specifico di Castelli: le botteghe, le aziende ceramiche, il villaggio artigiano e la mostra mercato dell'artigianato ceramico fanno parte del mondo dell'artigianato; mentre il mondo dell'arte della ceramica comprende non solo l'Istituto statale d'arte "Francesco Antonio Grue", ma anche la chiesa di San Donato e il Museo delle ceramiche. Una struttura museale che, come si legge sulla lapide posta all'ingresso, è stata inaugurata il 5 agosto 1984 con l'obiettivo di «riportare i capolavori di un'arte famosa nel mondo nel paese che la ispirò e la vide nascere in un luogo di studi e di confronti, oltre che di conservazione delle testimonianze artistiche e storiche di Castelli».

Per quanto riguarda, invece, la chiesa di San Donato, la sua particolarità è nel soffitto: un soffitto singolare, composto da oltre ottocento maioliche,[25] molte delle quali – datate – risalgono al Seicento. Tra le immagini raffigurate, sono frequenti gli stemmi delle confraternite locali, brani di preghiere, scene di caccia e motivi floreali. Da notare che tutte le maioliche sono state realizzate dagli abitanti di

21. Luigi Lambertini, *Pensare in ceramica*, in *Arte e artisti nel mondo della ceramica*, a cura di Claudio Spadoni, Colledara (TE), Andromeda Editrice, 2003, pp. 263-264.

22. *Aptico* significa «capace di entrare in contatto con» e «in quanto funzione della pelle, l'aptico, derivato dal tatto, costituisce dunque il mutuo *contatto* tra noi e l'ambiente» (Giuliana Bruno, *Atlante delle emozioni. In viaggio tra arte, architettura e cinema*, ed. or. 2002, Milano, Bruno Mondadori, 2006, p. 6).

23. Luigi Brogi, *Sulle tracce di un passato minore. Volterra e oltre, verso la provincia dei beni culturali*, Milano-Pontedera (PI), Jaca Book-Il Grandevetro, 2004, p. 184. L'avvento del digitale ha riconfigurato solo in parte questo discorso: se da un lato ha fornito nuove possibilità di accesso alle risorse culturali, dall'altro è anche vero che «la didattica dei Beni Culturali può e deve avvalersi degli strumenti offerti dall'informatica solo in vista di un autentico incontro con quel patrimonio culturale che contribuisce a definire l'identità e l'appartenenza a una società" (Toscano, Gremigni, *Introduzione alla sociologia dei Beni Culturali*, p. 520).

24. Cfr. Becker, *I mondi dell'arte*, pp. 296-304.

25. Non a caso, il noto pittore e scrittore Carlo Levi, l'ha definita «La Sistina della maiolica».

Castelli «ad onore di Dio e nello stesso tempo a perpetua memoria della Beata Vergine Maria»,[26] come si legge su alcuni mattoni dove compare una scritta latina che attesta la finalità di devozione.

L'aspetto più interessante, però, è che questo soffitto, decisamente singolare, ha stimolato significative sperimentazioni dell'Istituto statale d'arte "Francesco Antonio Grue", che nell'estate del 1954 lo ha reinterpretato in chiave moderna, realizzando un terzo soffitto, denominato anche *Terzo cielo di Castelli*,[27] pieno di oggetti della vita quotidiana, colorati e divertenti, alla ricerca di nuove scelte cromatiche (Figg. 3-4) e nuove finalità rappresentative, tra tradizione e innovazione.

La cornice all'interno della quale si inseriscono tutti gli elementi precedentemente ricordati è un paesaggio suggestivo (Fig. 5), che ha una specifica capacità di attrazione estetica, oltre a rappresentare un valore aggiunto del patrimonio artistico italiano, che lo distingue da altre realtà: mentre negli Stati Uniti i «musei non hanno alcun nesso storico col territorio che li accoglie (New York non ha niente a che vedere con Botticelli, Tiziano e Rubens)», in Italia «i musei sono incardinati nel territorio, formano un tutto unico con le città e le campagne che li circondano: fra il villaggio abitato e il museo, fra la chiesa e il paesaggio, fra la città, la campagna, la villa non c'è soluzione di continuità, ma un'unica tessitura concresciuta nel corso dei secoli».[28]

Come abbiamo visto, nel caso specifico di Castelli il mondo dell'artigianato della ceramica convive, da tempo, con il mondo dell'arte. Mondi diversi, inseriti nella suggestiva cornice del paesaggio del Parco Nazionale del Gran Sasso, capaci di promuovere lo sviluppo di un territorio, che però può realizzarsi appieno solo in un'ottica sistemica, coltivando la cultura della cooperazione che è un motore fondamentale dello sviluppo.

3. *La rilevanza delle micro e piccole imprese (MPI) in Abruzzo*

Tra i principali attori dello sviluppo locale figurano le MPI, che in Abruzzo sono circa 96.800[29] e sono nella quasi totalità (95,7%) imprese artigianali, con meno di 10 dipendenti (Tab. 1).

26. «Sulla base di questa e di altre testimonianze, molti studiosi concordano nel ritenere che a Castelli, verso i primi del Seicento, si decise di ristrutturare e di ampliare un'antica "cona" (chiesa campestre) – preesistente all'attuale edificio religioso – realizzandone una nuova dedicata alla Vergine Maria, che solo in seguito venne intitolata a San Donato» (Vincenzo de Pompeis, *Il soffitto di San Donato*, in *Castelli: natura, arte, storia,* a cura di Giovanni Giacomini, Castelli [TE], Edigrafital, 2006, p. 127).

27. *Il Terzo Cielo di Castelli. L'edizione moderna del soffitto di San Donato*, a cura di Maria Selene Sconci, Colonnella, (TE), Grafiche Martintype, 2010.

28. Salvatore Settis, *Italia S.p.A. L'assalto al patrimonio culturale*, Torino, Einaudi, 2002, p. 55.

29. Istat, *Censimento permanente delle imprese*, 2023.

Tab. 1. Imprese/classe di addetti, Abruzzo. Fonte: elaborazione dell'autrice su dati Istat 2023

Settori/imprese	0-9	10-49	50-249	250 e più	Totale imprese V.A.
Tutti i settori	95,7%	3,8%	0,4%	0,1%	96.811
Settori/numero addetti	0-9	10-49	50-249	250 e più	Totale addetti V.A.
Tutti i settori	53,2%	21%	11,4%	14,7%	313.562

Osservando la distribuzione del lavoro dipendente (Tab. 1), oltre il 53% degli addetti regionali (complessivamente 313.562) lavora in microimprese (un valore al di sopra della media nazionale, che si attesta al 29,5%), il 21% in piccole imprese (10-49 addetti); l'11% in medie imprese (50-249) e circa il 15% in grandi imprese (oltre 250). Le medie e grandi aziende impiegano il 26% degli addetti complessivi regionali, mentre la corrispondente quota a livello nazionale supera il 44%. Si osserva che le sole attività manifatturiere hanno un'incidenza sul totale degli addetti pari al 24%: ciò significa che sebbene in regione oltre il 65% dei dipendenti sia occupato nel settore dei servizi, la vocazione manifatturiera e artigianale, che, sin dalla fine degli anni Settanta, ha contraddistinto il tessuto economico produttivo dell'Abruzzo, è ancora molto forte.

Non diversamente dal resto del Paese, in Abruzzo la struttura produttiva è caratterizzata dalla prevalenza di micro e piccole imprese a controllo individuale/familiare.[30] Le imprese abruzzesi con 3 e più addetti controllate da una persona fisica o famiglia sono circa 16.694, ossia il 75,7% del totale (un dato più elevato di quello nazionale, pari al 75,2%). Nella provincia di Teramo, alla quale appartiene il borgo di Castelli, la percentuale di imprese a controllo familiare è pari al 73%. Come atteso, le unità produttive a controllo individuale e/o familiare diminuiscono al crescere della fascia dimensionale. In Abruzzo è pari al 78,5% nel segmento delle microimprese, ma risulta comunque relativamente elevata (circa il 62%) anche per le imprese con 10 e più addetti. La natura prevalentemente familiare delle imprese abruzzesi non riguarda solo la dimensione del controllo, ma investe anche le caratteristiche gestionali. Considerando le sole imprese controllate da una persona fisica o una famiglia nella fascia dimensionale da dieci addetti in su, in Abruzzo il soggetto responsabile della gestione dell'impresa è nel 73,7% dei casi l'imprenditore o socio principale/unico e nel 21,5% un membro della famiglia controllante. Si tratta di aspetti che complessivamente denotano un contesto produttivo costellato di MPI con una forte debolezza strutturale e che utilizzano un modello di gestione dei processi aziendali di tipo informale.

30. *Piccole e medie imprese in Abruzzo. Strategie organizzative, relazioni di lavoro, rapporti con il territorio*, a cura di Rossella Di Federico, Adolfo Braga, Marcello Pedaci, Milano, FrancoAngeli, 2022.

4. *La varietà delle micro e piccole imprese*

In letteratura il dibattito sulle micro e piccole imprese è stato a lungo dominato da due modelli interpretativi contrapposti: quello dello *Small is Beautiful*, che proponeva le piccole imprese come luoghi di relazioni armoniche,[31] e quello della *Black Box* delle piccole imprese come luoghi di autocrazia imprenditoriale/manageriale.[32] Non si tratta solo di due visioni opposte di come funzionano le cose nelle piccole imprese: da esse derivano iniziative politiche molto diverse.[33] Tuttavia, negli ultimi due decenni è progressivamente emersa una terza linea di letteratura che ha messo in luce l'eterogeneità dei modelli di gestione delle micro e piccole imprese sottolineando la varietà di approcci, politiche e pratiche, basati su diverse combinazioni e gradi di unilateralismo/cooperazione del processo decisionale e formalità/informalità delle pratiche di governo dell'impresa.[34] Tali studi, da un lato, hanno messo in evidenza l'influenza sull'impresa di fattori esterni, quali le condizioni del mercato del lavoro e dei prodotti, le dinamiche dei settori e delle filiere nelle quali le imprese sono integrate, le relazioni inter-organizzative, le caratteristiche del contesto istituzionale.[35] Dall'altro lato, è stata sottolineata anche l'importanza di fattori interni, quali il tipo di proprietà, il mix di competenze della forza lavoro, così come la cultura, l'ideologia e gli atteggiamenti dell'imprenditore.[36] Si tratta di fattori che influenzano significativamente l'impatto delle pressioni esterne.

La diversa combinazione di questi fattori interni ed esterni dà origine a molteplici modelli di gestione dell'impresa, delle relazioni con i dipendenti, dei rapporti con l'ambiente istituzionale, le associazioni datoriali e i sindacati, evidenziando che le piccole realtà produttive rappresentano un mondo molto variegato ed eterogeneo.

Se focalizziamo l'attenzione su come le MPI si relazionano con l'ambiente istituzionale, le associazioni datoriali e i sindacati, dai risultati di una ricerca conclusa nel 2020[37] su un campione di 2320 imprese italiane di quattro regioni (Lombardia, Toscana, Abruzzo e Calabria) emerge la debolezza del rapporto tra

31. David Goss, *Small Business and Society*, London-New York, Routledge, 1991.

32. Al Rainnie, *Industrial Relations in Small Firms*: *Small Isn't Beautiful*, London-New York, Routledge, 1989.

33. Charles Sabel, *A real time revolution in routines*, in *A Firm as a Collaborative Community*, a cura di Charles Heckscher e Paul Adler, Oxford, Oxford University Press, 2005, pp. 106-156.

34. Tony Dundon e Adrian Wilkinson, *HRM in Small and Medium-sized Enterprises (SMEs)*, in *Human Resource Management: A Critical Introduction*, a cura di Geoffrey T. Wood e David G. Collins, London-New York, Routledge, 2018, pp. 194-211.

35. Brian Harney e Hadeel Alkhalaf, *A quarter-century review of HRM in Small and Medium-Sized Enterprises: Capturing What We Know, Exploring Where We Need to Go*, in «Human Resource Management», 60 (2020), pp. 1-25.

36. Rowena Barret e Al Rainnie, *What's So Special About Small Firms? Developing an Integrated Approach to Analysing Small Firms Industrial Relations*, in «Work, Employment and Society», 16 (2002), pp. 415-431.

37. Il progetto, al quale l'autrice ha partecipato in rappresentanza dell'Abruzzo, è stato coordinato dall'Università Statale di Milano. Per maggiori dettagli su obiettivi del progetto, attività

MPI di Regione Abruzzo e contesto istituzionale. Risultato che già scaturiva da una precedente ricerca condotta, nel 2012, su 50 piccole realtà artigianali che erano presenti a Castelli.[38] In Abruzzo, oltre il 25% delle imprese sono "isolate" perché al loro interno non c'è la presenza del sindacato; non sono iscritte alle associazioni datoriali e non sfruttano le opportunità esterne, offerte dal contesto istituzionale che le circonda, in termini di servizi, finanziamenti e politiche per lo sviluppo.[39] Altre risultanze della ricerca evidenziano ulteriori aspetti importanti che denotano la fragilità delle micro e piccole imprese abruzzesi.[40] Sebbene queste possano agire in un clima di legalità e reperire facilmente le competenze di cui necessitano, mostrano problemi di accesso al credito e dispongono di una dotazione infrastrutturale molto carente a causa della scarsa capacità di azione delle istituzioni locali e di progettazione e collaborazione tra governi locali, imprese, scuola, università e attori sociali in generale. In sostanza i risultati della ricerca del 2020 evidenziano che in Abruzzo, sebbene le imprese siano fortemente radicate nelle tradizioni locali, come nel caso di Castelli, e si contraddistinguono per un'*agency* di imprenditori e lavoratori molto forte, rappresentano un caso di informalità (buona) ma senza cooperazione, che ostacola l'attivazione di processi di innovazione sia di processo che di prodotto.

5. *Micro e piccole imprese della ceramica tra crisi finanziaria e Coronavirus*

Gli shock determinati dalla crisi finanziaria prima (2007-2008) e dalla crisi del Coronavirus negli anni più recenti hanno sottoposto le micro e piccole imprese a forti pressioni e crescenti difficoltà; spesso maggiori rispetto a quelle incontrate dalle realtà produttive di più grandi dimensioni. Tali eventi si sono intersecati con trasformazioni già in atto. In particolare, si fa riferimento ai processi di ristrutturazione delle catene del valore, alla digitalizzazione, ma anche all'emergere di nuovi (e potenti) competitors; alla maggiore attenzione alla sostenibilità ambientale e ai cambiamenti nei meccanismi regolativi di varie arene istituzionali, quali per esempio le politiche per lo sviluppo.

Di fronte ai fenomeni sopra menzionati, in un quadro di diffusa difficoltà, vanno però evidenziate alcune variazioni che pure si registrano tra territori nel tipo e nell'estensione delle criticità e nelle capacità di risposta delle micro e piccole

previste, risultati si veda: Ida Regalia (a cura di), *Regulating Work in Small Firms*, Cham, Palgrave Macmillan, 2020.

38. Rossella Di Federico, *Contesto globale e sviluppo locale: il caso Castelli*, in *Una cultura, una tradizione, un sistema produttivo locale: il caso Castelli*, a cura di Everardo Minardi, Teramo, Il Piccolo Libro, 2012, pp. 139-173.

39. Andrea Bellini e Vincenzo Fortunato, *Small Firms and the External Context: Embeddedness Versus Dependency*, in *Regulating Work in Small Firms*, a cura di Ida Regalia, Cham, Palgrave Macmillan, 2020, pp. 165-201.

40. Rossella Di Federico e Lisa Dorigatti, *Small Firms and the Labour Market*, in *Regulating Work in Small Firms*, a cura di Ida Regalia, Cham, Palgrave Macmillan, 2020, pp. 95-130.

imprese. Queste variazioni sottolineano che se resta importante l'*agency* dell'imprenditore, e dei lavoratori, essa va sempre considerata nella sua interazione dialogica con gli altri attori e con l'assetto istituzionale/regolativo più in generale. Viene confermata, in altri termini, la rilevanza del "luogo" in cui le imprese sono radicate (*embedded*), dell'ambiente sociale e istituzionale che le influenza, che ne condiziona strategie e strutture (e che a sua volta ne viene influenzato). Ambiente che si definisce anche per fattori immateriali, ossia per culture, valori, attitudini propensioni.[41]

Se ci focalizziamo sull'Italia, è soprattutto nelle regioni meridionali che le piccole imprese incontrano più difficoltà a causa della minore capacità dei contesti istituzionali di supportarle,[42] offrendo economie esterne materiali e immateriali, attraverso la costruzione di beni collettivi.[43] La pandemia da COVID-19, le misure restrittive e la crisi economica che ne è conseguita hanno ulteriormente aumentato la fragilità e lo svantaggio dei sistemi produttivi meridionali soprattutto delle imprese di minori dimensioni. E, ciò che è più importante, a differenza di quanto accade in altri territori, in particolare nel Nord del Paese, essa mostra maggiori ritardi e difficoltà di ripresa.[44] Il caso abruzzese è interessante perché la regione rappresenta un pezzo del Mezzogiorno, o potremmo dire dei "Mezzogiorni", di quelle aree più in difficoltà, sia pur con molte differenze tra di esse, che devono "aggiustare" i percorsi di sviluppo dei loro sistemi produttivi, ma che si caratterizzano ancora per importanti ritardi e inefficienze (nella dotazione di infrastrutture, nei servizi della pubblica amministrazione, nei processi di digitalizzazione, ecc.).[45] Un'area in cui le micro e piccole imprese, ma soprattutto le prime, appaiono più fragili, e nelle quali allo stesso tempo emergono esperienze innovative, spesso di successo e di eccellenza, che mettono in evidenza come le MPI rappresentino un mondo che in parte guarda al passato, in parte al futuro.

6. *La legge regionale sulle imprese artigiane della ceramica di Castelli: un'opportunità di crescita?*

La crisi finanziaria (e poi economica) iniziata nel 2007 ha avuto effetti intensi nel contesto abruzzese, investendo con vigore tutti i settori produttivi. La lunga recessione ha portato a una contrazione del PIL e del valore aggiunto, a importanti perdite di posti di lavoro, all'aumento della disoccupazione e delle persone in situazioni di povertà o vulnerabilità economico-sociale. Va però osservato che un certo indebolimento dell'economia regionale si era registrato già prima della crisi del 2007; molti avevano evidenziato segni di esaurimento del processo di svilup-

41. Francesco Ramella, *Sociologia dell'innovazione economica*, Bologna, il Mulino, 2013.
42. Gianfranco Viesti, *Centri e periferie. Europa, Italia, Mezzogiorno dal XX al XXI secolo*, Roma-Bari, Laterza, 2021.
43. Carlo Trigilia, *L'enigma Mezzogiorno*, in «Paradoxa on line», 4 (2019), pp. 7-20.
44. Svimez, *Rapporto Svimez 2020 sull'economia del Mezzogiorno*, Bologna, il Mulino, 2020.
45. Banca d'Italia, *Economie regionali. L'economia dell'Abruzzo*, Roma, Banca d'Italia, 2020.

po alla fine degli anni Novanta, in coincidenza con l'uscita dell'Abruzzo dalle aree Obiettivo 1[46] e con il rallentamento del trend delle esportazioni. Un fatto che già segnalava i limiti di competitività di un segmento rilevante della struttura produttiva regionale in un contesto di competizione globale.[47] La pandemia da COVID-19 è giunta nel momento in cui si registrava una parziale inversione di tendenza in vari settori, incluso il manifatturiero, grazie soprattutto al contributo dei segmenti più innovativi dell'industria. In tal nuovo quadro, le micro e piccole imprese artigianali della ceramica di Castelli, per debolezza strutturale e finanziaria, hanno sofferto di più e si trovano in una situazione di maggior rischio. Basti pensare che se nel 2012 le microimprese artigianali della ceramica di Castelli erano pari a 50 unità, nel 2023 sono appena 32.[48] Come cambiare questo trend di decrescita e al tempo stesso attivare processi di innovazione utili per fronteggiare le nuove sfide post-pandemiche? In precedenza è stato evidenziato che, se la capacità di fare da sé di imprenditori e dipendenti (*agency*) rimane un aspetto rilevante, essa va sempre collegata agli attori sociali e al quadro istituzionale/regolatorio di un territorio. Per le micro e piccole imprese non bastano le risorse interne per essere resilienti e crescere: è fondamentale il ruolo dell'ambiente esterno. È stato osservato che le micro e piccole realtà produttive spesso hanno un rapporto inesistente con l'ambiente esterno. Recenti ricerche hanno dimostrato che la crescita però parte proprio dai territori e richiede dosi elevate di partecipazione allargata che includono attori interni ed esterni all'impresa. Tuttavia, la cooperazione allargata può realizzarsi solo dopo il riconoscimento, da parte di tutti gli attori sociali, della micro-piccola e media impresa come entità di interesse pubblico.[49] La recente approvazione della proposta di legge n. 337 del 19 ottobre 2023, *Riconoscimento di Castelli come "Città della Ceramica abruzzese"*, rappresenta un passo di notevole importanza perché per la prima volta nel panorama economico regionale la ceramica artigianale e artistica del borgo di Castelli è riconosciuta come oggetto di attenzione pubblica. Questa legge rappresenta un'occasione per realizzare progetti multilaterali in un'area caratterizzata da una debole tradizione in termini di partecipazione inclusiva sottolineando che il conflitto non è più un obiettivo per gli attori sociali abruzzesi. La legge mostra, al contrario, che questi attori desiderano lavorare insieme per supportare le microimprese del territorio di Castelli. Questo sembra essere già un punto di partenza importante. Con l'accesso alle giuste risorse (PNRR) e reti istituzionali integrate, nei prossimi anni sia la mostra mercato dell'artigianato ceramico castellano, sia il tessuto di micro e piccole imprese del territorio della ceramica artigianale tradizionale avranno la possibilità di essere pronte non solo a essere resilienti ma anche a crescere, a rafforzarsi e persino attuare processi di innovazioni sia incrementali che radicali.

46. Vale a dire dalle aree europee in ritardo di sviluppo e pertanto oggetto di intervento prioritario dei fondi strutturali europei.

47. Marcella Mulino, *L'economia abruzzese nell'economia globale*, Bologna, il Mulino, 2014.

48. Di Federico, *Contesto globale e sviluppo locale: il caso Castelli*, p. 158.

49. Paola De Vivo, *L'impresa come istituzione sociale*, Bologna, il Mulino, 2017.

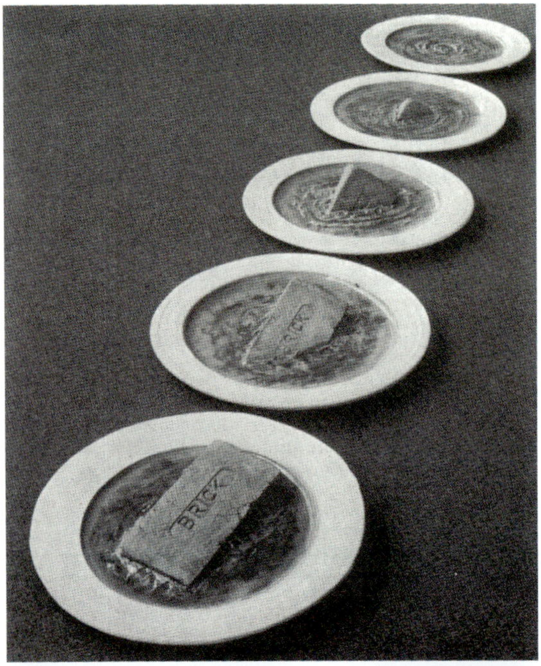

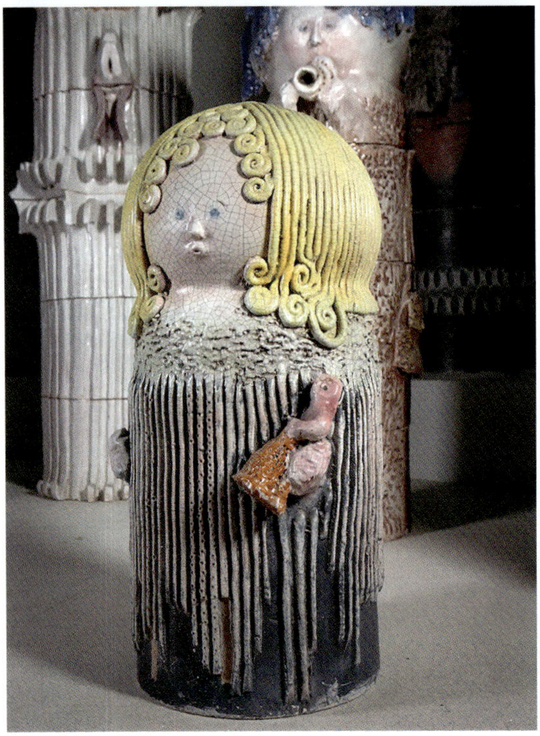

Fig. 1. Robert Arneson, *Piatti con mattone che affonda* (1969. Hansen Fuller Goldeen Gallery), in Becker, *I mondi dell'arte*, p. 298.
Fig. 2. Presepe monumentale (1965-1975), Liceo artistico "Francesco Antonio Grue", Castelli.

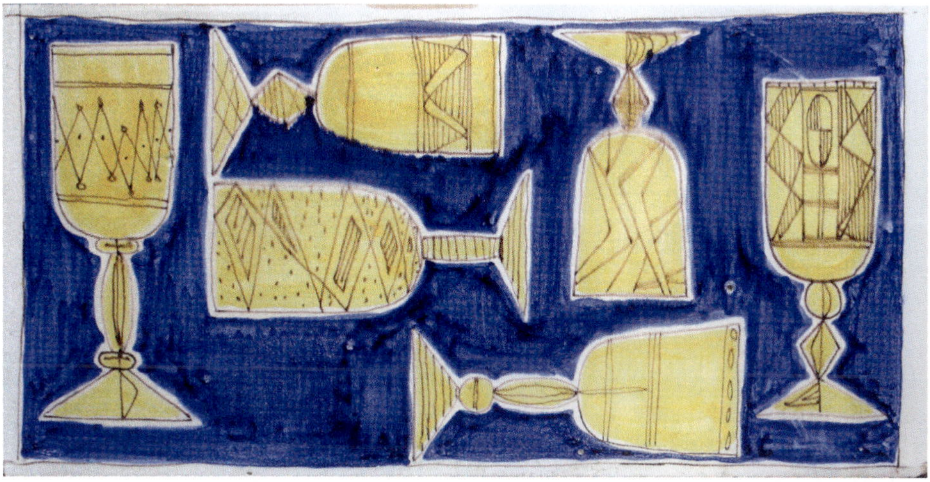

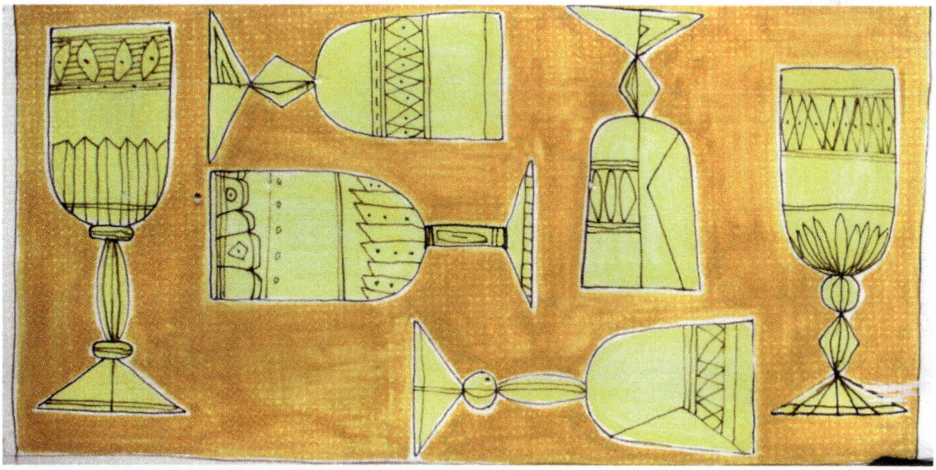

Figg. 3-4. *Il Terzo Cielo di Castelli*, Liceo artistico "Francesco Antonio Grue", Castelli, da *Il Terzo Cielo di Castelli*, pp. 82-83.

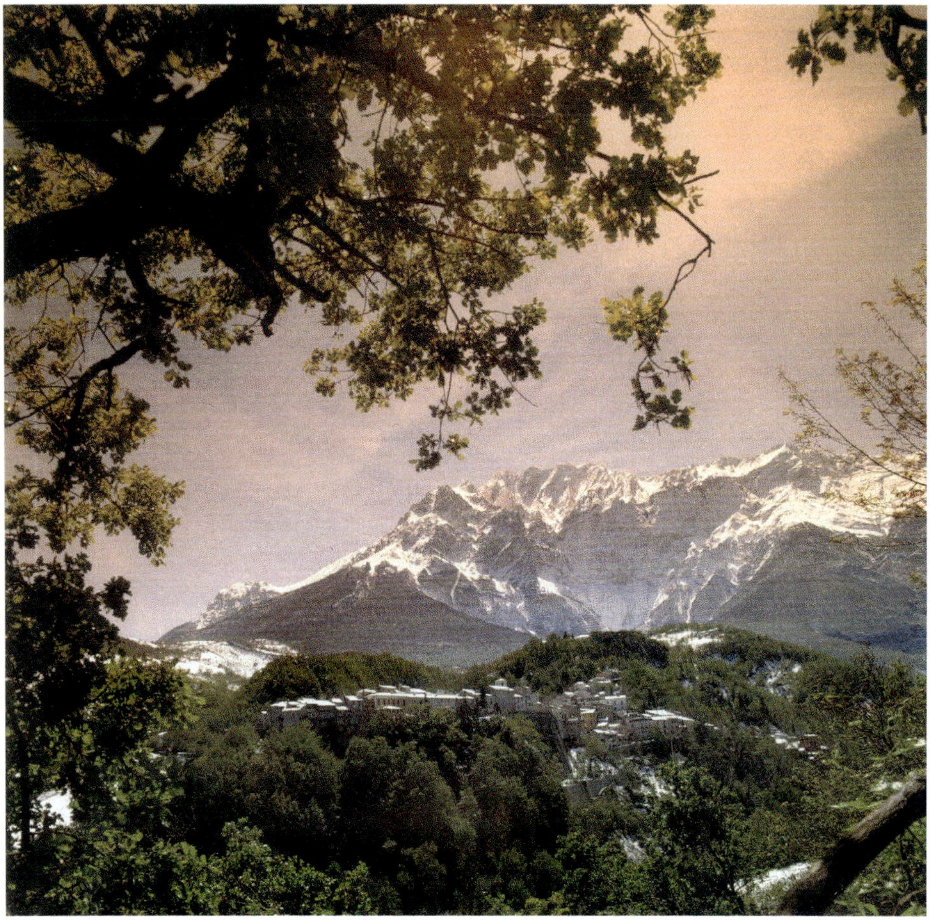

Fig. 5. Panorama di Castelli, da *Castelli: natura, arte, storia*, a cura di Giovanni Giacomini, Castelli (TE), Comune di Castelli, 2006, p. 33: «Castelli è anche paesaggio e natura [...]» (ivi, p. 9).

Eleonora Magno

Grue Green: progetto di rete per un'arte ceramica sostenibile

L'istituto "Francesco Antonio Grue" nasce nel 1906[1] come Scuola d'arte applicata alla ceramica, con la finalità di tutelare e rivitalizzare una tradizione artistica illustre, testimoniata in opere magnifiche che fanno risuonare nei musei più importanti del mondo i nomi di celebri dinastie di maestri maiolicari, dai Pompei ai Gentile ai Grue. Nel corso dell'Ottocento, dopo aver conosciuto tre secoli di splendore e una produzione di pregio che rispondeva alle raffinate richieste di una ricca ed esigente committenza, la ceramica di Castelli iniziava a mostrare chiari segni di ripiegamento creativo e di impoverimento tecnico. Dall'archeologo e deputato del Regno d'Italia Felice Barnabei, originario di Castelli, e da Beniamino Olivieri, allora sindaco del paese, giunse la spinta decisiva alla fondazione della scuola, quando un'intera comunità aveva ormai maturato la consapevolezza che quella straordinaria ricchezza di saperi potesse essere tramandata e rinvigorita solo attraverso l'istruzione e la formazione dei giovani (Fig. 1).

Oggi, a distanza di quasi centoventi anni, possiamo senz'altro osservare che la scuola, grazie alla presenza di direttori e docenti competenti, lungimiranti e in qualche caso addirittura visionari, è andata ben oltre la sua missione formativa, affermandosi come centro di espressione artistica inserito a pieno titolo nel mondo della ceramica e in generale nel più ampio circuito dei movimenti artistici del Novecento.

Le attività didattiche, nel periodo più felicemente creativo della storia della scuola, hanno sovente saputo tradursi in opere d'arte degne della massima attenzione e sono sempre più numerosi i visitatori che, dopo l'irrinunciabile sosta nella chiesa di San Donato, definita da Carlo Levi "Cappella Sistina della maiolica", si spingono fino alla sede dell'istituto per ammirare il *Terzo cielo*, il *Presepe monumentale* e le numerose altre opere in mostra nelle teche della Biblioteca, all'interno dei laboratori, nella Raccolta internazionale di arte ceramica contemporanea.[2]

Questo liceo-museo presenta dunque tutte le caratteristiche che distinguono, nel panorama nazionale, le scuole a "indirizzo raro", istituti meritevoli di parti-

1. La scuola è istituita con Regio decreto n. 331 del 1905 e nel 1906 avvia la sua attività.
2. Nel volume *La tradizione del futuro. I centodieci anni della Scuola d'Arte di Castelli*, a cura di Carlo Fabrizio Carli, Castelli (TE), Verdone Editore, 2017, la storia della scuola è narrata attraverso le opere che dal 1906, anno della sua fondazione, hanno prodotto i suoi direttori, i docenti e gli studenti più talentuosi.

colare tutela per la peculiarità del loro percorso formativo ancorato alla storia del territorio e a saperi vocazionali tipici. Rara, innanzi tutto, è la capacità di valorizzare l'identità della tradizione concedendosi una intelligente, creativa disponibilità all'innovazione. Una tradizionale vocazione a innovare, potremmo dire (Fig. 2).

L'evoluzione della scuola ha comportato non poche trasformazioni (nella struttura, nell'organizzazione e nell'ordinamento) fino ad approdare nel 2018, unico liceo artistico in Italia, alla sperimentazione del percorso liceale quadriennale, cambiamento che ha comportato un notevole investimento di energie nella profonda revisione dei *curricula* disciplinari, della metodologia, delle pratiche didattiche.

Oltre alla riformulazione del monte ore per le discipline obbligatorie, la novità che caratterizza il quadriennale è la presenza di docenti tutor impegnati ad assicurare una reale personalizzazione del percorso.

I primi risultati già apprezzabili incoraggiano a perseguire il dispiegamento di tutte le potenzialità di un insolito ambiente di apprendimento, che funziona come un vero e proprio campus non solo per la particolare ubicazione degli spazi e per le risorse tecnologiche di cui dispone, ma soprattutto per la costante immersione nella realtà artigiana locale.

Il corso di studio è andato quindi via via modificandosi per accogliere istanze e sollecitazioni emergenti dal mondo contemporaneo, ma la consapevolezza della missione strategica affidata dalle istituzioni e dalla comunità locale alla scuola è rimasta immutata.

In un territorio ancora ferito dopo gli eventi sismici e purtroppo afflitto, come tutti i piccoli centri delle aree interne, dal fenomeno dell'invecchiamento della popolazione e dal progressivo spopolamento, un'istituzione scolastica tanto legata all'artigianato tipico vuole resistere non solo come presidio culturale, ma anche come stimolo per la riattivazione del tessuto sociale e produttivo.

La qualità del percorso formativo deve necessariamente collocarsi a un livello alto se la scuola intende restare vivace e attrattiva in un contesto difficile come quello attuale e in una condizione oggettivamente svantaggiata per la scomoda posizione geografica della sede e per i limiti del servizio di trasporto pubblico.

L'eccellenza dell'esperienza educativa e delle competenze acquisite col diploma quadriennale può essere una risposta efficace, forse l'unica, alla costante minaccia di marginalizzazione e al rischio di assottigliamento della popolazione scolastica.

La responsabilità di tutela e valorizzazione della tradizione locale diventa una questione vitale e impegna la scuola in una costante attività di ricerca per trovare nuove vie e aprire scenari ulteriori in cui confrontarsi con i protagonisti delle dinamiche artistiche e produttive da una posizione di prestigio, esercitando una riconosciuta competenza in materia di ceramica. Il lavoro di ripensamento del curricolo richiesto dalla sperimentazione del percorso quadriennale ha avuto il merito di richiamare l'attenzione sul tema cruciale della transizione ecologica avviando un confronto ampio, volto a coinvolgere interlocutori qualificati per sviluppare un progetto ambizioso di carattere interdisciplinare e fortemente innovativo nel metodo e nella finalità: trovare un punto di connessione tra arte, ceramica e sostenibilità (Grafico 1).

Grafico 1. Il sistema delle competenze

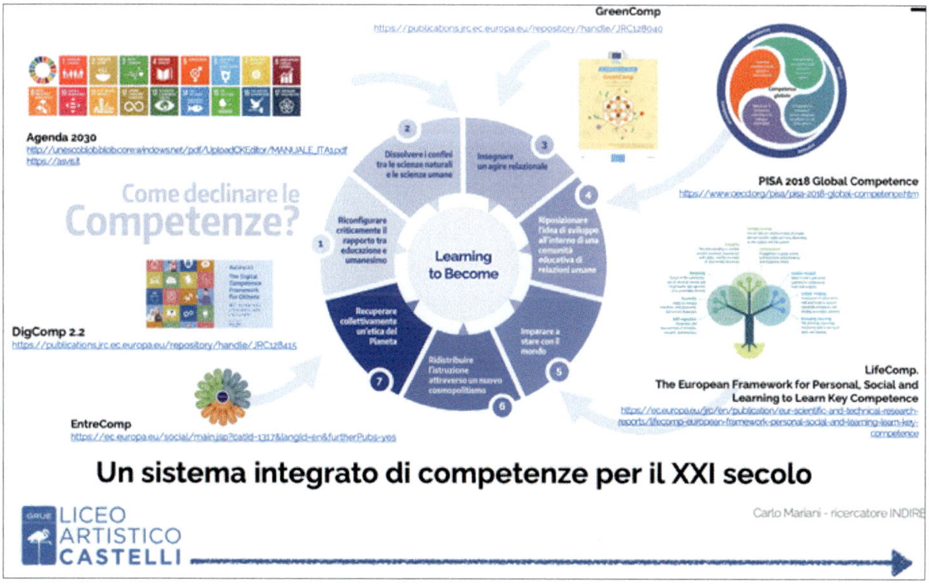

Il "Grue" ha scelto di aprirsi su questo orizzonte culturale e territorio di ricerca attivando un rapporto di stretta collaborazione con il Liceo scientifico "Albert Einstein" di Teramo, istituto che ha nelle sue corde la stessa sensibilità per i temi dell'agenda 2030.

Solida istituzione del capoluogo, l'"Einstein" ha costruito la sua identità sull'equilibrata integrazione tra cultura scientifica e cultura umanistica. Consapevole della sfida educativa posta della società contemporanea, appare oggi impegnato in un importante processo di aggiornamento per rendere più efficace l'azione didattica e favorire negli studenti e nelle studentesse la maturazione di tutte le competenze necessarie all'esercizio della cittadinanza attiva: saperi, sensibilità, pensiero critico, autonomia, creatività. La più recente proposta specifica della sua offerta formativa è, non a caso, la *Curvatura Green: architettura, ambiente e territorio*.

Nell'ultimo anno, le vocazioni peculiari dei due istituti, quella artistica e quella scientifico-tecnologica, hanno trovato un interessante punto di convergenza nella comune sperimentazione del curricolo innovativo ad approccio trasversale *Learning to Become*,[3] proposto dall'INDIRE come Avanguardia Educativa particolarmente adatta a collegare tutte le discipline ai temi fondamentali dell'Agenda 2030, a integrare innovazione metodologica e didattica, a coniugare formazione dei docenti, ricerca e sviluppo, consentendo un coerente impiego delle risorse del PNRR (Grafico 2).

3. Carlo Mariani, *Learning to Become. Un curricolo per innovare la scuola*, Milano, UTET Università, 2023.

Grafico 2. Schema del programma *Learning to Become*

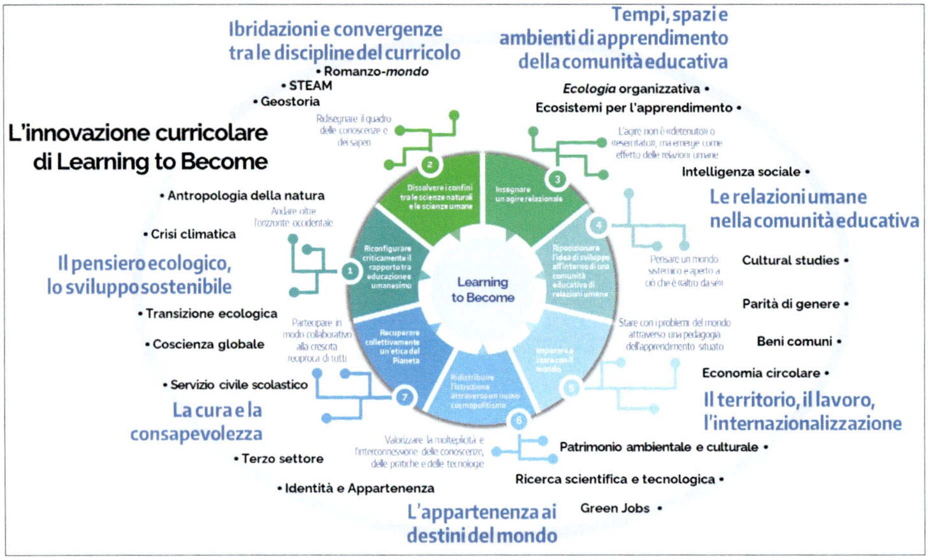

Condividendo l'idea di un progetto educativo orientato all'affermazione di un Nuovo umanesimo (o Umanesimo rigenerato), i due licei si ispirano al documento UNESCO *Ripensare l'educazione: verso un bene comune globale?*, che si esprime sui temi cruciali della sostenibilità e delle responsabilità individuali nel quadro della cittadinanza planetaria.

Le comunità scolastiche avvertono l'urgenza di una coscienza ecologica che sappia trasformarsi in un obiettivo del processo formativo, in una consapevolezza necessaria per comprendere la complessità e i delicati equilibri dell'ecosistema.

Nella cornice del curricolo *Learning to Become*, il progetto *Grue Green* elaborato dai due licei ha l'ambizione di coinvolgere altri soggetti in qualità di partner nella ricerca, nella prassi laboratoriale, nella valutazione dei risultati: INDIRE, Università degli Studi di Teramo, Amministrazione di Castelli, Aziende del settore ceramico.

L'impresa si configura come una ricerca-azione indirizzata a studiare e realizzare pratiche per conoscere i profili delle aziende *green*, indagare la qualità dei materiali, adottare principi di sostenibilità ecologica in ogni fase del processo produttivo, esprimere nel design un pensiero ecologico, valorizzare la tradizione locale nella prospettiva della sostenibilità.

Le linee essenziali del progetto appaiono chiare, ma per la definizione dei percorsi, delle modalità organizzative e, soprattutto, dei contenuti specifici dello studio e dell'attività laboratoriale ci si affida programmaticamente a un successivo lavoro di elaborazione partecipata che coinvolga gli stessi studenti e i partner. Il team di coordinamento, che include docenti di entrambi gli istituti, condivide una proposta di metodo che potrà aiutare a scandire le fasi di realizzazione (Tab. 1).

Tab. 1. Percorso essenziale di ricerca-azione

Definizione degli obiettivi	Fondamentale stabilire chiaramente gli obiettivi del progetto valutando la direzione da dare alla collaborazione tra i due licei e i risultati attesi: la creazione di opere d'arte in ceramica con un focus sulla sostenibilità o la progettazione di oggetti funzionali con materiali eco-sostenibili.
Brainstorming e ricerca	Organizzazione di sessioni di brainstorming in cui gli studenti dei due licei possano condividere idee sulla connessione tra ceramica, design e sostenibilità. Percorso di ricerca su materiali sostenibili nel settore ceramico e design. Gli studenti del liceo scientifico possono contribuire con informazioni scientifiche sulla sostenibilità dei materiali.
Collaborazione e scambio di competenze	Incontri per favorire la collaborazione tra gli studenti dei due licei. Gli studenti del liceo artistico potranno per esempio insegnare tecniche artistiche specifiche legate alla ceramica, mentre quelli del liceo scientifico potranno condividere conoscenze scientifiche sulla sostenibilità.
Progettazione e prototipazione	Sessioni laboratoriali in cui gli studenti possono progettare e creare prototipi di opere d'arte o oggetti funzionali. Il focus potrà essere posto sull'impatto ambientale dei materiali e dei processi di produzione.
Esposizione e presentazione	Organizzazione di un evento o una mostra per esporre i risultati del progetto alla comunità scolastica e oltre. Questa fase può includere presentazioni, dimostrazioni pratiche e spiegazioni sul concetto di sostenibilità contemplato dalle opere.
Riflessione e valutazione	Riflessione da parte degli studenti sul processo, sulle sfide affrontate, sulle difficoltà, sulle soluzioni. Valutazione del progetto in base agli obiettivi stabiliti all'inizio.
Diffusione e condivisione	Condivisione dei risultati del progetto con altre scuole, istituzioni educative o con la comunità locale, con la finalità di sensibilizzare e promuovere la consapevolezza sulla sostenibilità.
Documentazione del progetto	Documentazione del processo e dei risultati attraverso foto, video o blog dedicato. Momento utile per la presentazione del progetto in futuro o come risorsa educativa per altri studenti.

Tab. 2. Ipotesi di sviluppo del progetto *Grue Green*

Aree di indagine	Possibili azioni
Materiali sostenibili	Investigare nuovi materiali ceramici che siano più sostenibili. Si potrà esaminare l'uso di argille locali, materiali riciclati o ceramica tecnologica.
Processi di produzione sostenibili	Esaminare i processi di cottura e produzione della ceramica. Gli studenti potranno cercare metodi di cottura a basse temperature per ridurre l'energia necessaria o esplorare tecniche di produzione che riducano gli sprechi di materiale.
Design circolare	Esplorare il concetto di design circolare per la ceramica, incoraggiando la riparabilità, la riutilizzabilità e il riciclo. Gli oggetti potranno essere progettati in modo da poter essere smontati e riutilizzati o riciclati alla fine della loro vita utile.
Riduzione degli impatti ambientali	Analizzare gli impatti ambientali del ciclo di vita completo degli oggetti in ceramica, concentrandosi su aspetti come l'estrazione delle materie prime, la produzione, l'uso e il fine vita. Identificare aree in cui è possibile ridurre l'impatto ambientale.
Energia rinnovabile	Esplorare l'utilizzo di energia rinnovabile nei processi di produzione della ceramica. Si dovrà valutare, nella teoria, l'integrazione di pannelli solari per la cottura o l'utilizzo di tecnologie più efficienti dal punto di vista energetico.
Sostenibilità sociale	Creare progetti che non solo producano oggetti sostenibili, ma educano anche gli utenti sull'importanza della sostenibilità nella ceramica. Ciò potrebbe essere fatto attraverso l'inclusione di informazioni educative nei prodotti stessi o attraverso eventi educativi.
Educazione e consapevolezza	Creare progetti che non solo producano oggetti sostenibili, ma educano anche gli utenti sull'importanza della sostenibilità nella ceramica. Ciò potrebbe essere fatto attraverso l'inclusione di informazioni educative nei prodotti stessi o attraverso eventi educativi.
Certificazioni ambientali	Considerare la sostenibilità sociale nelle fasi di produzione. Questo aspetto della questione potrebbe includere l'adozione di pratiche etiche, la promozione di tecniche artigianali tradizionali o il coinvolgimento della comunità locale.

L'obiettivo è trovare un equilibrio tra espressione artistica e rispetto per l'ambiente: ponendo questi elementi al centro della ricerca, gli studenti possono sviluppare progetti di design ceramico che non solo soddisfano aspetti estetici ma contribuiscono anche alla sostenibilità ambientale e sociale (Fig. 3).

L'ambito della ricerca sulla sostenibilità per la ceramica è articolato in diverse aree e si ipotizzano alcune direzioni chiave che gli studenti potranno seguire per approfondire e integrare il concetto di sostenibilità nel design ceramico (Tab. 2).

Risulta immediatamente evidente che la complessità dell'oggetto su cui va dispiegato il lavoro di ricerca richiede un approccio multi e interdisciplinare.

Il progetto *Grue Green* si presta a interpretare quindi compiutamente lo spirito del curricolo sperimentale *Learning to Become* perché permette di percorrere le diverse discipline di insegnamento come possibilità di accesso alla conoscenza, alla comprensione e all'interpretazione originale e creativa di problemi e questioni di grande interesse per la società attuale e per il processo formativo dei ragazzi e delle ragazze.

Come sempre, nei momenti decisivi della vita della scuola, quando la necessità del cambiamento offre l'opportunità di aprire nuove piste di sviluppo, i docenti e gli allievi del "Grue" si aprono alla più costruttiva interazione con soggetti esterni portatori di saperi e di buone pratiche, ma in questa salutare ibridazione di competenze cercano sempre ispirazione nella fonte originaria della tradizione locale, la ceramica e la sua incontenibile tensione a diventare arte (Fig. 4).

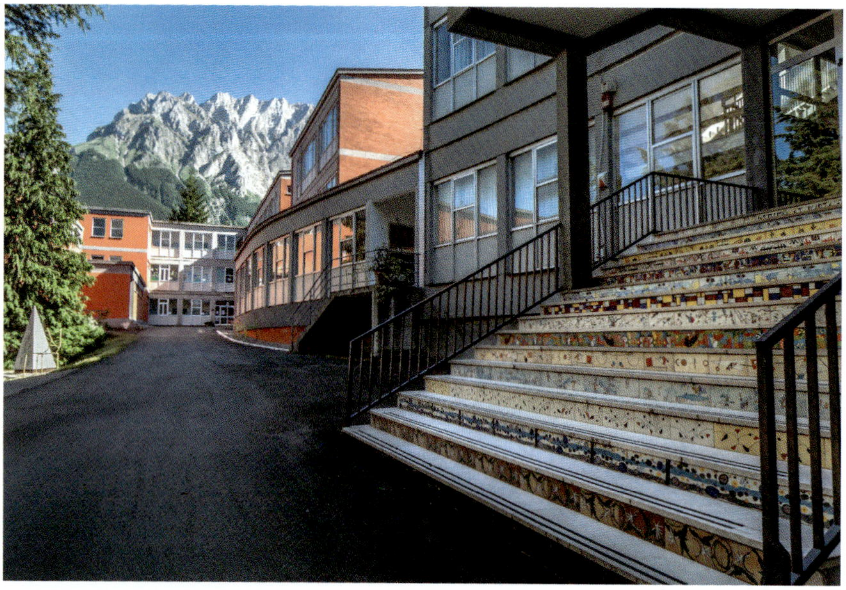

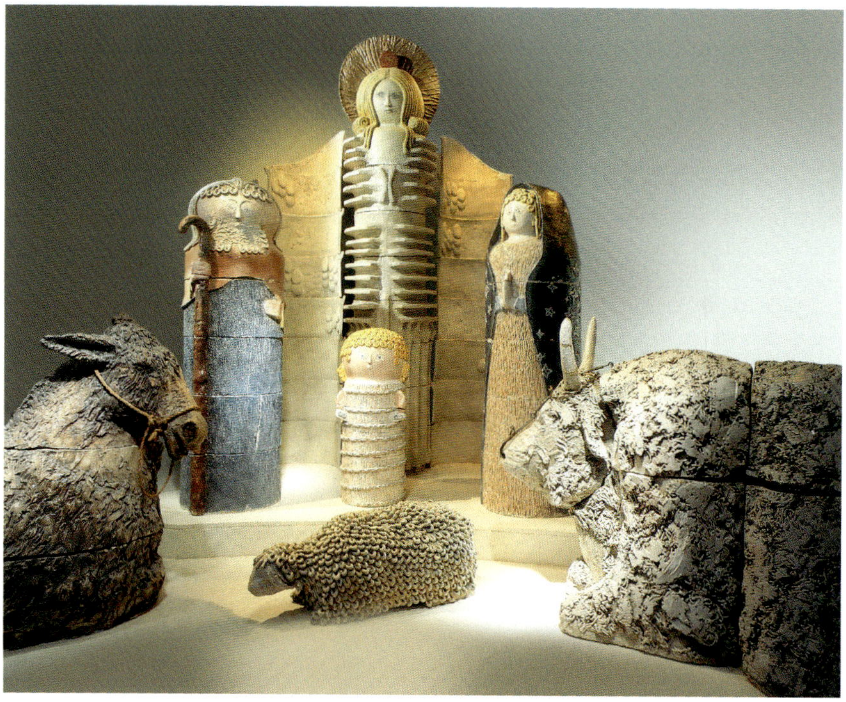

Fig. 1. Liceo artistico “Francesco Antonio Grue”, Castelli.
Fig. 2. Presepe monumentale (1965-1975), Liceo artistico “Francesco Antonio Grue”, Castelli.

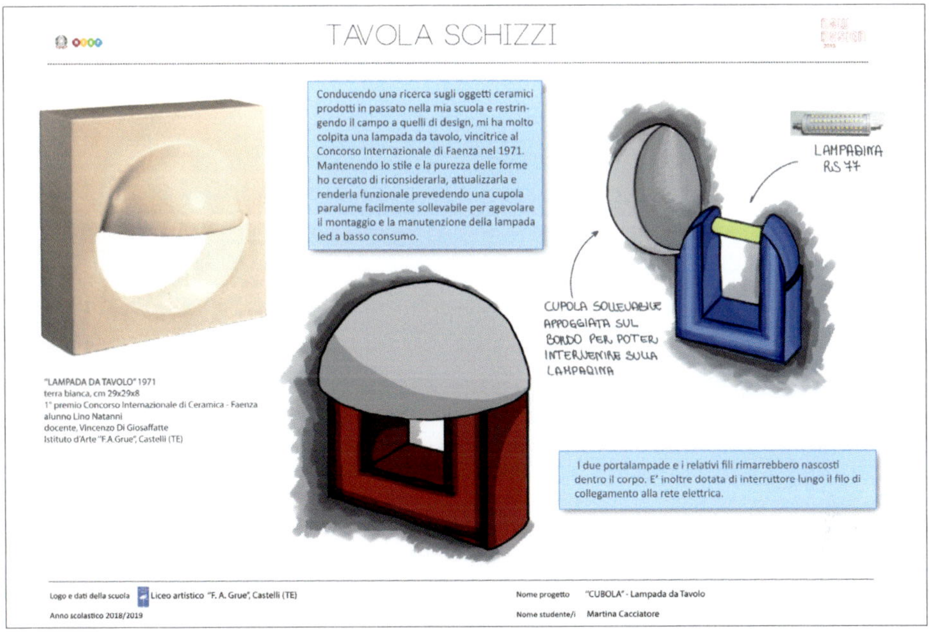

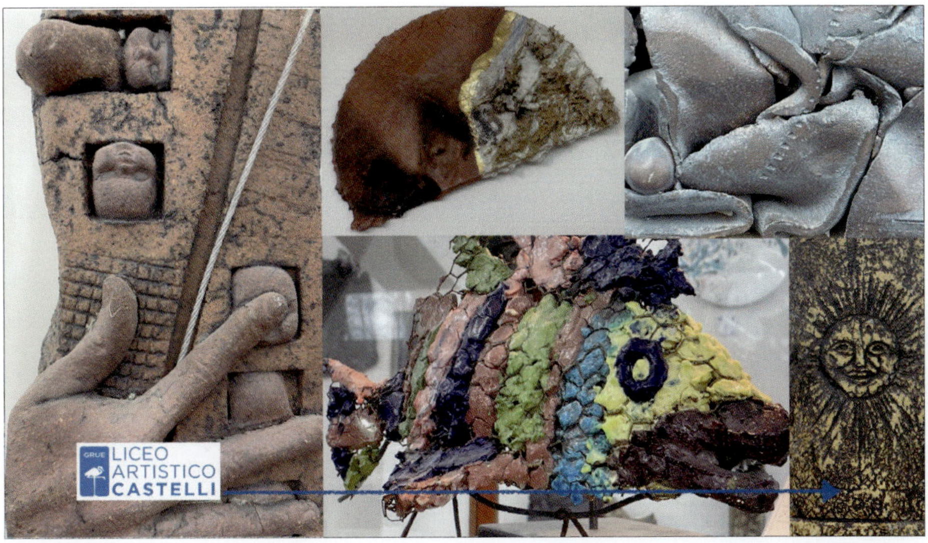

Fig. 3. Esempio di progettazione premiata nel concorso nazionale *New Design 2019*.
Fig. 4. Particolari di opere esposte nella "Raccolta internazionale di arte ceramica contemporanea", presso il Liceo artistico "Francesco Antonio Grue" di Castelli.

Indice dei nomi

Indice dei luoghi

Le autrici e gli autori

Emanuela Bossi da circa vent'anni opera nel settore ceramico. È funzionario per la Programmazione dei Fondi Strutturali UE (POR FESR) presso la Direzione Sviluppo Economico della Regione Umbria, Responsabile dei controlli del Sistema di gestione del Programma Operativo Regionale Fondo di Sviluppo Europeo Regionale per la azione sull'Internazionalizzazione e sugli Strumenti Finanziari, Project Manager del Progetto CLAY e Coordinatore per le attività di supporto al comparto della Ceramica Umbra.

Paola Casta si è laureata in Economia della cultura all'Università Ca' Foscari di Venezia. Dopo alcune esperienze di studio a Rotterdam e a Manchester, nel 2012 inizia la sua esperienza nel settore della ceramica artistica e artigianale, collaborando all'organizzazione di *Argillà Italia* a Faenza. Dal 2019 è entrata nell'Unione della Romagna Faentina, dove si occupa di politiche ed eventi culturali in ambito ceramico, in particolare per il Comune di Faenza.

Simone Ciglia è Career Instructor presso il Department of the History of Art and Architecture, College of Design, University of Oregon. Ha conseguito il dottorato di ricerca in Storia dell'arte contemporanea presso la Sapienza Università di Roma. Le sue aree di ricerca si concentrano sugli spazi marginali nelle pratiche artistiche contemporanee, all'intersezione di ambiti quali l'agricoltura, l'artigianato e gli impulsi utopici/distopici.

Pietro Costantini ha conseguito il dottorato di ricerca in Studi storici dal medioevo all'età contemporanea presso l'Università degli Studi di Teramo (2024). Dal 2019 è Capo Delegazione FAI di Teramo. Dal 2023 è membro straordinario del centro di ricerca interuniversitario METArte per l'implementazione tecnologica nella ricerca storico-artistica, museografica e per la diagnostica dei beni culturali. Dal 2024 è direttore del Museo e Cripta dei Cappuccini a Roma.

Benedetta Diamanti ha una formazione in ambito giuridico. È dirigente del settore Cultura Turismo e Relazioni internazionali dell'Unione della Romagna Faentina ed è direttore della European Route of Ceramics, che è uno dei più longevi Itinerari culturali del Consiglio d'Europa.

Rossella Di Federico è professore associato di Sociologia dei processi economici e del lavoro presso l'Università degli Studi di Teramo. I suoi principali percorsi di ricerca riguardano i distretti produttivi nei settori del Made in Italy e della ceramica, le relazioni di lavoro e la gestione delle risorse umane nelle piccole e medie imprese, le élite europee di potere.

Stefano Di Giosaffatte è docente di Progettazione del design presso il Liceo artistico "Francesco Antonio Grue" di Castelli. Ha insegnato Laboratorio tecnologico a Civita Castellana, a Sesto Fiorentino e a Castelli. Ha collaborato con il Dipartimento di Scienze dei materiali della Facoltà di Ingegneria dell'Università dell'Aquila, con cui ha sviluppato una mappatura dei materiali ceramici utilizzati a Castelli nell'antichità.

Viola Emaldi, storica dell'arte, è curatrice dell'Associazione italiana Città della Ceramica - AiCC. Si è formata all'Accademia di Belle Arti di Bologna e presso il Dipartimento di Arti Visive dell'Università di Bologna. La sua attività curatoriale si dedica principalmente alla ceramica nell'arte contemporanea. Nel 2016 fonda con Marco Venturi la Galleria Madeinbritaly a Londra. Dal 2014 svolge la funzione di progettista e di coordinatore didattico per i corsi tecnici superiori ITS e IFTS a Faenza.

Eleonora Magno si è laureata a Padova in Lettere classiche. Dal 2013 è dirigente scolastico e dal 2016 è dirigente reggente del Liceo artistico "Francesco Antonio Grue" di Castelli. L'impegno nelle scuole in aree afflitte da fenomeni di spopolamento e declino socio-economico acuito dagli eventi sismici ha favorito un progressivo interesse verso i progetti di valorizzazione delle risorse locali ambientali e culturali (materiali e immateriali) come opportunità di ricostruzione e sviluppo.

Luca Siracusano è professore associato di Storia dell'arte moderna presso l'Università degli Studi di Teramo. Ha conseguito il dottorato di ricerca all'Università degli Studi di Trento (2014). È stato borsista della Fondazione Roberto Longhi di Firenze e della Fondazione Giorgio Cini di Venezia.

Angela Maria Zocchi è professore ordinario di Sociologia generale presso l'Università degli Studi di Teramo. La sua produzione scientifica si caratterizza per la molteplicità degli interessi e, nello stesso tempo, per la costante attenzione nei confronti della teoria sociologica, classica e contemporanea.

Finito di stampare
nel mese di novembre 2024
da The Factory srl
Roma